쫌

2

동네서점의
유쾌한 반란

작은 책방,
우리
책 팝니다!

백창화 · 김병록 지음

남해의봄날 ✹

3

2015년 8월, 〈작은 책방, 우리 책 쫌 팝니다〉 책이 나온 이후 반응은 놀라웠다. 주요 일간지 여러 곳에 시골 작은 책방 이야기가 전면 기사로 소개되었다. 덕분에 포털 사이트 첫 화면에도 여러 번 올랐다. 공중파 방송 3사의 저녁 메인 뉴스에도 모두 등장하는 영광을 누렸다.

책의 저자인 우리 부부로서는 놀랍기도 했지만 냉정한 마음으로 현상을 돌아보기도 했다. 책을 쓰는 작가로서 내가, 어지간히 좋은 작품을 쓴다고 해도 이렇게 대중매체 전반에 집중적으로 소개되기란 어려운 일일 것이다. 맨부커상을 받거나, 혹은 100만 부 정도 팔린 책의 저자라면 모를까.

우리가 한 일은 지역의 작은 시골 마을 가정집에 서점 하나를 낸 것뿐인데, 집에 남는 방 한 칸을 비워 손님들을 재워준 것뿐인데, 그런데 이 사소한 일이 그토록 엄청난 반응을 몰고 오다니. 어쩌면 그만큼 우리 사회의 서점과 책문화를 둘러싼 현실이 바닥을 찍고 있었다는 걸 반증한 사례인지도 모른다. 그래서 놀라운 동시에 안타까웠다.

책은 2015년 말, 여러 언론사에서 '올해의 책'으로 선정되는

5

기쁨도 누렸다. '올해의 책'이란 대개 무겁고 진지한 사회적 담론을 제시하는 책을 선정하기 마련인데 우리 책은 어찌 보면 가볍게 현상을 스케치한 책임에도 그 안에 뽑혀서 이 또한 뜻밖이었다. 이유를 굳이 뽑아보자면 아마도 이 책이 '실천'을 담보하고 있기 때문인지 모르겠다고 생각했다. 사회를 향해 '이렇게 해야 한다'고 크게 외치는 책은 많지만 '우리는 이렇게 하고 있습니다'라고 속삭이는 책은 많지 않다. 책을 본 이들이 우리도 이렇게 하고 싶었다며 저마다 허용된 상황 안에서 자기 실천을 해나갈 수 있게 만드는 그런 책은 더욱 많지 않을 것이다.

아마도 이 책의 가장 큰 미덕이라면, 많은 사람들에게 너무 오래 되어서 이제는 다 잊어버린 줄 알고 살았던 마음 속 깊은 곳의 판타지를 끌어내 주었다는 것일지 모른다. 크고 화려한 것만 주장하는 사회 분위기에 내몰려 정신 없이 따라가다 문득 정신을 차려보니 그렇지 않은 세상도 있다는 걸 발견한 사람들이 책에 그려진 지도를 따라 시골의 작은 책방까지 꿈결처럼 걸어왔다. 작은 책방의 문을 열고 들어가니 그곳에 잊었던 내 마음자리가 있었다. 무엇보다 중요한 건, 그 다음이다. 시골 마을 작은 책방의 특징은 누구든, 조금만 용기를 내면 따라할 수 있게 만드는 소박함과 편안함. 그곳은 도달 불가능한 꿈의 궁전이 아니었던 거다. 이 지점이 결국 시골에 책방을 만들고, 책을 썼던 우리 부부가 수많은 사람의 공감과 연대를 이끌어낸 지점이었을 거라고 우리는 생각하고 있다.

책이 나오기 전부터, 책이 나온 이후에도 서점계는 계속 변화하고 있다. 대형서점의 변신은 눈이 부시고, 누군가는 동네 책방의 문을 닫았고, 누군가는 또 새로운 서점의 문을 열고 있다. 변화무쌍한 현실을 무시할 수 없어서 내용을 조금씩 가감한 개정증보판을 낸다. 가장 많이 변한 건 어쩌면 우리 숲속작은책방이다. 방문자 숫자도, 연매출도 개업 첫 해인 2014년 말과는 비교도 안 되게 늘었으니까. 시골 마을에 서점이라는, 이 말도 안 되는 실험을 용기라며, 잘했다며 많은 응원과 격려 보내주신 독자들, 그리고 방문객들 덕분이다.

앞으로의 세상이 이렇게 자기 일상 속에서 소박하게 작은 꿈을 꾸는 사람들이 행복할 수 있는 그런 세상이면 좋겠다.

2017. 봄
숲속작은책방
백창화, 김병록

8

이곳은 한국 최초의
가정식 서점, 숲속작은책방

2014년 12월 30일. 눈이 펑펑 내렸다. 그다지 깊은 산골도 아니건만 눈만 오면 작은 언덕길도 넘기 힘든 시골의 겨울밤.

"네가 깜짝 놀랄 만한 얘기를 들려주마."

어설프게 노랫가락을 흉내 내며 남편에게 종이 한 장을 내밀었다. 남편이 안경을 벗고 종이 조각에 코를 들이민다.

"우리 숲속작은책방 한 해 매출. 759만 3천 원."

2014년 4월 30일, 동청주세무서에서 서점 사업자등록증을 받아들고 7개월여가 지났다. 과연 이 시골 구석진 책방에 책을 사러 손님들이 올 것인가, 혹은 책이 팔릴 것인가 확신할 수 없던 개업, 그리고 '내 맘대로 운영'이란 말이 딱 어울리는 시간이었다.

서점이라고 문을 열고 있지만 마당에 작은 오두막 한 채, 책 좀 읽는다는 집에 있는 것보다 더 적은 책, 막상 찾아온 이들은 여기서 한 번 '서점 맞아?' 고개를 갸웃거린다. 그래도 인내심을 가진 이들이 책을 사겠다는 분명한 의사를 밝히면 그제야 입장을 허락하는 안채. 들어가 보면 그저 보통의 집과 크게 다를 것 없는 거실일 뿐이다. 단지 차이가 있다면 책으로 가득한 거대한 책꽂

9

이가 있는 서재라는 점이다. '정말 이곳이 서점 맞아?' 다시 한 번 고개를 갸웃거린다.

바로 이곳이 충청북도 괴산군 산골 마을에 자리한 가정식 서점 '숲속작은책방'이다. 가정식 백반, 가정문고까지는 들어봤어도 가정식 서점은 우리가 최초 아닐까 생각한다.

그런데 말이다, 그렇게 지내온 7개월. 정확한 계산은 어렵겠으나 아마도 방문객은 6백여 명이 넘을 것 같고 책 판매액은 어쨌든 7백만 원이 넘는다. 물론 이 모든 건 아주 대충, 정말 대충 따져본 숫자니 딱히 정확하지도 않고, 그러니 누가 믿거나 말거나.

위에 이야기한 몇 가지의 숫자들을 보면서 이 책을 읽는 이들은 어떤 생각을 할까? 애들 장난도 아니고 이게 뭐야 하는 이도 있을 테고 어쩌면 이 머나먼 시골까지 6백여 명이 넘는 사람들이 찾아왔다는 사실이 놀라운 이도 있을 것이다. 우리 부부는? 후자 쪽이다. 우리는 무척이나 놀라운 마음으로 이 사실들을 받아들이고 있다.

그렇다. 우리는 인구 약 4만 명의 괴산군, 그중 3천여 명이 살고 있는 칠성면, 그리고도 실 거주자가 1백 명이 채 되지 않는 작은 마을 '내 집'에 서점을 열었다. 일주일에 닷새 동안 문을 열고, 주말이면 하룻밤 머물기를 청하는 이들을 위해 다락방 민박을 운영하면서 책을 판다.

우리는 괴산군에 있는 단 두 개의 서점 중 하나이며, 문구점과 결합하지 않고 교과서와 참고서를 취급하지 않으며 단독으로 단행본 도서만 파는 곳으로는 유일한 서점 '숲속작은책방'이다.

오늘도 또
동네서점 문 열었네

　어제도 페이스북에 새로운 동네책방에 대한 기사가 올라왔다. 신문이며 잡지들에서 작은 독립서점들을 다루는 기사들이 부쩍 늘어났다. 2014년, 도서정가제가 실시된 이후 마치 동네서점의 중흥기가 올 것처럼 기자들은 서점 이야기를 썼다. 기사들만 보고 있노라면 그간 온라인에 잠식되어 죽어나가던 오프라인 서점들이 벌떡벌떡 살아날 것만 같고, 홍대 앞 카페촌을 뒤흔들던 북카페의 바람이 이제 독립서점 유행으로 변화해갈 조짐이다. 조만간 자고 나면 한 개씩 동네책방이 생겨날지도 모르겠고 책방은 이제 책 좀 읽는다는 사람들의 새로운 창업 트렌드가 되어버릴 지경이다. 과연?

　그러나 지금 출판업계는 정부의 각종 지원정책 없이는 제 스스로 서 있지도 못할 지경으로 위태롭다 소리 지르고, 처음 책을 찍어내는 초판 인쇄부수는 2천 부에서 1천 부로, 재판 인쇄는 5백 부 단위로 하향 조정되고 있다. 책을 쓰고, 그 책을 팔아서 윤택한 생활을 하고 자기 수입을 챙길 수 있는 저자는 문학, 인문학, 실용 등 각 분야별로 열 명도 안 된다고 한다.

11

교보문고 같은 대형서점은 논외라 하더라도, 각 지역에서 수십 년간 맥을 이어오며 자리를 지키고 있는 중형서점들의 도서 판매 실적이 눈에 띄게 급감하고 있다는 것도 부인할 수 없는 사실이다. 사명감을 갖고 동네 한 귀퉁이를 버텨오던 소형서점, 인문학서점 여럿이 폐업했고, 문을 열고 있는 곳도 책 판매 외에 강연이라든지 후원의 형태로 간신히 생명줄을 이어가고 있는 것도 우리는 다 알고 있다.

그런데, 그런데 말이다. 현실은 이와 같은데, 나아진 건 하나도 없는데 최근 한두 해 사이 골목 안 후미진 곳들에 작은 서점들이 속속 문을 열고 있다. 그림책만 팔기도 하고, 사진책만 팔기도 하고, 여행책만 팔기도 하고. 대형서점에선 만나볼 수 없는 독립출판물만 팔기도 하고 도대체 팔리지 않는 인문학 책만 팔기도 하고.

작게는 4~5평 한 뼘 크기부터 크게는 30평 내외의 제법 넉넉한 공간을 갖춘 다양한 형태의 서점들이 생겨나고 있다. 그들은 누구일까? 그들은 왜 이미 지난 십여 년간 실패한 업종이라 확실히 결론 나버린 동네 작은 서점들의 문을 다시 열기 시작한 것일까? 북촌에서, 서촌에서, 홍대 앞에서, 임대료 비싸기로 소문난 이 동네들에서 과연 그들은 몇 년을 버틸 수 있을까? 경제권력도, 소비권력도 모두가 수도권에 집중되어 있는 지금 지방 소도시에서, 심지어 우리처럼 시골 작은 마을에서 이 책방들은 몇 권의 책을 팔 것이며 그 책들이 엄중한 밥벌이의 무게를 지켜줄 수 있을까?

문득 궁금해진 우리 부부는 그들을 찾아 나섰다. 그들의 꿈이 서린 공간들을 만나고, 그곳에서 공간의 소리들을 들었다. 책들의 외침을 들어 보았다. 일찍이 사라져버린 줄만 알았으나 마루 밑 어딘가에서 숨죽여 살아남아 있던 희귀 종족들의 목소리에 귀 기울여보았다. 그들의 아우성 속에 우리의 꿈과 희망도 함께 있을 것이기 때문이다.

우리는 누구이며, 어디에서 와서 어디로 가려고 하는가?

1부

2부

14

16

1부

오래된 미래에서 들고 온 책마을의 꿈

백창화

18

이곳은 포토존, 사진 찍는 책방, 그리고 지나가는 사람1, 2

한껏 부풀어오른 수국이 터져나갈 듯 대문 앞 울타리를 가득 메우고 있는 봄날 아침. 정원에 물오른 나뭇가지들이 지나는 이들에게 손짓이라도 하는 양 하늘거리는데 마침 저 멀리 대문 앞에 승용차 한 대가 멈춰 선다. 차창을 내리고 마당 안을 한참 지켜보더니 훌쩍 가버린다. 지나가는 사람1이다.

잠시 후 줄을 잇듯이 또 한 대의 차가 멈춘다. 유리창이 내려가고 잠시 마당을 살피는가 싶더니 이번엔 차문이 열리고 사람들이 내린다. 저마다 손에는 휴대폰을 들고 찰칵 찰칵. 순서는 대개 똑같다. 처음에는 집만, 다음번엔 집을 배경으로 삼삼오오. 이쯤에서 대부분 물러나게 마련이다. 다시 차에 올라타서는 훌쩍 가버리니, 지나가는 사람2.

여기서 한 발짝 더 용기를 내보는 이들이 있으니 잠겨 있지 않은 대문을 밀며 마당 안으로 쑥 걸어 들어오는 사람들. 이쯤 되면 우리 부부는 고민을 시작한다. 나가 봐야 하나, 말아야 하나.

재미있는 건 햇빛 밝은 낮 시간, 집 안에선 밖이 훤히 보이지만 바깥에선 멀리 안채에 사람이 있는지 없는지 확인이 안 된다는 점이다. 누군가 집 안에서 자신들을 지켜보고 있으리라곤 생각지 못하는 사람들의 행동은 한없이 자유롭다.

처음에는 사람들이 책방 대문을 밀고 들어오기만 해도 현관문을 열고 나갔더랬다. 그러나 그들 중 대다수가 사진만 찍고 가길 원하는 '지나가는 사람'이란 걸 알게 된 다음부터, 이곳이 책을

19

파는 서점이라는 걸 강조하는 순간 화들짝 놀라 대문 밖으로 걸음을 옮긴다는 걸 경험한 이후부터, 우리 부부는 지켜보고 기다리는 법을 배우게 되었다.

마당을 기웃거리던 손님들이 마침내 닫혀 있는 오두막 책방의 문을 잡아당긴다. 안을 들여다보고 탄성을 지르며 좋아하는 순간이 바로 긴 기다림의 끝. 비로소 우리는 현관문을 열고 나가며 기척을 낸다.

"어떻게 오셨어요?"

서점의 인사치곤 참 맥락이 없다. '환영합니다, 고객님'까지는 아니더라도 뭐 '어서 오세요' 정도의 인사는 나와야 할 텐데 '어떻게 오셨어요?'라니. 그러나 바로 이 인사가 방문객을 향한 1차 면접이다.

"집이 정말 예뻐요. 잠깐 구경 좀 해도 될까요?"

단순 관광객이다. 지나가는 사람3. 잠시 실망. 이내 목소리가 처진다.

"그러세요. 근데 여긴 구경하는 집은 아니고요, 책을 파는 서점이에요."

최대한 친절하게, 하지만 '책을 파는'에 몹시 힘이 들어가 있는 응답. 말귀를 알아듣는 대부분의 사람들은 황황히 집을 나가버린다.

다음 손님.

"이 동네에서 살려면 어떻게 해요? 매물 나온 것도 있나요?"

부동산 거래에 관심 있는 사람들이다. 매우 실망. 목소리가 좀 차가워진다.

"읍내 부동산 사무실에 알아보세요."

별로 대답해주기 싫다는 뜻인데 그러거나 말거나 이분들은 꼭 두세 마디를 더 물어본다.

"이 마을은 언제 생겼어요? 살아보니 어떠세요?"

아, 정말 대답하기 싫다. 최대한 정중하게, 그러나 조금은 차가워진 목소리로 형식적인 대답을 짧게 돌려주면 겨우 돌아간다. 아마 가면서 이렇게 생각할 거다. '시골 인심이 왜 이래' 혹은 '에 잇, 불친절한 사람들.'

나도 안다. 궁금하고 알고 싶어 하는 그분들의 마음을 모르는 게 아니다. 그러나 어쩌겠는가. 마을을 지나는 모든 사람들로부터 하루에 몇 번씩 이런 질문을 받다 보면 정말 대답하기가 싫어지는 걸. 친절하게 한두 마디 응대해주면 작정하고 앉아 질문 세례를 해대고, 그러다보면 녹음기처럼 같은 대답을 반복하다가 내 귀한 시간이 하릴없이 흘러가 버리는 걸.

그렇게 사람들을 박대한 후 '오늘도 책방엔 손님이 없네, 에잇 풀이나 뽑자' 열심히 호미질을 하는데 문득 대문 앞에 발길이 멈추는 기척이 느껴진다. 직전의 불친절함이 남아있어 맘도 영 불편한데 또 부동산 물어보는 손님이면 어쩌지 하며 부러 고개를 숙이고 못 본 체하는데……

"안녕하세요. 숲속작은책방 맞죠? 블로그 보고 왔어요."

앗, 책방 손님이다. 오늘 하루 종일 우리가 기다리던 바로 그 손님. 고개 들며 대답하는 목소리에 환대가 가득하다.

"잘 오셨어요. 환영합니다."

책방을 소개하고, 책을 고르고, 정성스레 우려낸 꽃차를 함께 마시며 수다가 이어진다. 책방 손님의 질문도 부동산 손님의 질문과 다를 바가 별로 없다. "마을이 너무 예쁘다, 어떻게 만들어진 마을인가, 언제 이사 왔나, 살아보니 좋은가……" 하지만 대답하는 우리 부부 마음은 아까와 달리 전혀 고깝지가 않다.

그들이 이 먼 곳, 괴산 시골까지 찾아온 것은 책이 있는 집, 시골 마을 구석에서 책을 파는 집에 대한 강렬한 호기심 때문인 걸 알기 때문이다. 그들은 일부러, 자신의 시간과 노력을 들여 찾아온 것이다. '책'을 찾아. 책이 그림처럼, 동화처럼 멋지게 전시되어 있는 집을 찾아. 그들의 마음속에는 꿈이 있다. 책으로 가득한 집에 대한 꿈.

부동산 손님과 질문은 같아도, 질문 속에 내포된 의미는 다르다는 걸 우리는 안다. 그들은 아마도 우리 부부와 비슷한 종족일 것이다. 먼 옛날, 5백만 년 전 어쩌면 같은 유전자를 지니고 태어나 세상 곳곳 마루 밑에서 은밀하게 살아남은 그런 종족들 말이다. 그들의 집에 가보지는 않았지만 곳곳에 처분할 길 없는 책들의 무더기가 가득할 것이 분명하다. 그럼에도 그들은 오늘 들른 숲속의 작은 책방에서 또 한 무더기의 책을 사들고 돌아간다.

그런 손님들을 기다리다, 보내고 맞이하다 오늘도 시골의 하루가 또 저문다.

책이 있는 마을을 꿈꾸며 귀촌하다

시골에서 사는 것은 남편의 오랜 꿈이었다. 젊었을 때 이를 실현하지 못한 것은 남편에게 농사를 짓겠다는 꿈이 있었던 것은 아니기 때문이다. 단지 자연 속에서 욕심 없는 삶을 살고 싶었고 그러기 위해선 시골에서 경제활동이 없더라도 버틸 수 있는 노후연금이 필요했다. 도시에서 열심히 일을 하며 돈을 모아놓아야 했다. 하고 싶은 일을 하며 꿈꾸는 대로 살기 위해 약간의 경제 기반은 필요한 법이다. 특히 나처럼 도시의 불빛과 작은 사치를 탐하는 욕심 많은 아내를 가진 남편에게는 더욱 더.

세상을 살면서 도시가 불러일으키는 욕구에도 힘이 빠지고, 나이 들어 아들이 독립할 때가 되고, 남편이 더 이상 도시를 견뎌내지 못하게 되었을 때 우리는 드디어 탈출을 시도했다. 2010년이었다.

도시를 떠나며 우리에겐 확고한 목표, 아니 꿈이 있었다. 책이 있는 마을을 만들고 책이 있는 집에서 사람들과 함께 책과 문화를 나누는 따뜻한 삶에 대한 꿈. 욕심내지 않는 소박한 삶을 살되, 책과 관련한 다양한 활동으로 생계를 유지하고 최소한의 품위 유지를 할 수 있는 자립경제에 대한 꿈. 과연 우리가 꿈꾸는 삶이 현실적으로 가능할까 수시로 이야기를 나누었다. 실제 이런 모습으로 살아가는 사례들을 만나기 위해 유럽으로 여행도 떠났다. 영국과 프랑스, 이탈리아 등 유럽의 시골에 만들어진 '책마을'을 찾아다녔다. 그들은 시골에서 무엇으로 사는가? 과연 시골 마을에서 책으로 먹고 사는 일은 가능한가?(이 질문에 대한 우리들의 탐색 과정은 〈유럽의 아날로그 책공간〉(이야기나무)이라는 책을 통해 소개했다.)

약 40일간의 여행을 통해 우리가 느낀 것은 절반의 절망, 그리고 절반의 희망이었다. 함부로 미래를 예단하기는 어려웠다. 그러나 희망과 절망이 반반이라면 우리가 갖고 있는 꿈을 희망의 추에 얹어 비록 51대 49라 할지라도 희망의 편에 기대어 보자 결심했다. 자, 시골로 가자.

2011년 6월, 우리는 마을 전체가 온통 공사장이고 진흙바닥이던 황량한 터전에 이삿짐을 내렸다. 그리고 고통이 시작되었다.

충북 괴산 미루마을을 알게 된 것은 인터넷을 통해서였다. 둘 다 서울에서 나고 자라 시골에 아무런 연고도 없던 우리에게 가장 힘들었던 건 터전을 정하는 일이었다. 고향도 없고, 연고도 없기에 딱히 어디도 갈 데가 없고 동시에 어디든 갈 수 있었던 우리는 틈나는 대로 전국을 돌아다니며 인연 닿는 곳을 찾았다. 그러던 중 언론에서 소개한 미루마을 이야기를 보게 되었다.

미루마을은 당시 인하대학교 동문들이 중심이 되어 추진하던 전원마을로, 우리 눈길을 끌었던 건 '저탄소 에너지 자립마을' 그리고 '교육문화마을'이란 두 가지 콘셉트였다. 화석연료를 사용하지 않고 에너지 자립을 꿈꾸는 친환경 생태마을이란 가치는 귀농귀촌을 꿈꾸는 이들이라면 누구나 원하는 조건이다. 하물며 교육문화마을이라니. 교육과 문화의 중심에는 책과 도서관이 있는 게 너무도 당연하지 않은가. 시골에서 작은 도서관을 운영하며 책문화 활동을 하고 싶었던 우리는 귀가 솔깃했다. 당

시 마을을 추진하던 책임자와 만나 면담을 했고 그는 우리를 몹시 반가워했다. 입주자들과 함께 마을 안에 작은 도서관을 만들자고 했다.

마을 주민이 주체가 되어 도서관을 함께 운영하고, 도시에서 이주해온 사람들이 이를 통해 지역사회에 교육공헌을 할 수 있다면 이보다 좋은 일이 어디 있겠는가, 우리는 그의 말에 반갑게 화답했고 괴산군 칠성면에 조성하는 전원마을인 미루마을 입주를 확정했다.

그러나 무려 57가구가 들어서는 전원마을 사업은 생각보다 순조롭지 않았다. 원래 마을 추진위원회 측에서는 동문들 중심으로 20여 가구의 작은 마을을 계획했다고 한다. 그러나 한 명이라도 귀농 인구를 더 많이 유치하고 싶은 괴산군에서는 마을 규모를 50가구로 확대할 것을 제안했다. 그러면 마을에 투입하는 지원금의 규모도 더 커질 것이라고 했다. 추진위는 요청을 받아들여 마을 규모를 확장했고 이 과정에서 인하대 동문이 아닌 외부 사람들을 대상으로도 입주자 모집을 했다. 우리가 인하대 동문이 아님에도 마을에 입주할 수 있었던 것도 이 때문이었다. 덕분에 미루마을은 인하대 동문 마을이라기보다는 여럿이 어울려 사는 전원마을로 의미가 확대되었다.

문제는 전원마을 조성 경험이 전혀 없는 몇몇 동문들 중심의 추진위원회가 57가구를 수용하는 대규모 사업을 감당하다 보니 마을을 조성하는 과정에서 삐걱대는 일들이 계속해서 발생했다는 점이다. 전원마을 사업을 주관하는 농림축산식품부부터 농어촌개발공사, 괴산군청과 미루마을 추진위원회에 이르기까지 저마다의 이해와 주장이 서로 달랐으며 일의 과정과 내용은 복잡했고 상식으로 이해하기 힘든 일들도 많이 일어났다.

문제를 해결하는 과정에서 추진위원회와 주민들이 갈등을 겪었고, 주민들 사이에서도 해결 방법을 두고 의견이 분분한 가운데 편이 갈라졌다. 삭막한 도시를 떠나 시골 마을에 함께 모여 가족처럼 정을 나누며 잘 살아보자고 웃으며 만났던 사람들이 마주치면 인상을 찡그리는 사이로 변했다. 사람들의 마음은 갈래갈래 찢어졌고, 많은 이들이 힘들어했고, 고통은 상처를 남겼다. 괴로운 시간이었다.

그런 와중에 마을 주민들이 시골에 잘 정착해 살아가는 데 도움이 되는 생활 기반 역할을 하리라 기대했던 마을회관 건립에 문제가 생겼다. 공사 자금이 부족해 추진위원회는 부도 상태가 되었고 회관은 미완공인 채 방치되었다. 교육문화마을의 총괄센터 역할을 해야 하는 회관을 완공하지 못하자 회관 안에 조성하기로 했던 작은 도서관도 어려움을 겪었다. 결국 마을회관을 최종 준공하지 못한 채 2층에 작은 도서관을 간신히 조성하였으나 복잡한 행정 문제들로 인해 정식으로 문을 열지 못하는 상태에 처했다.

미루마을을 선택한 유일한 이유가 작은 도서관이었는데 좌초 직전이었다. 작은 도서관을 만들고 그 공간을 토대로 마을 사람들, 또 이웃한 지역 사람들과 다양한 책문화 활동을 꾸리고 그를 통해 책과 문화가 있는 마을을 만들고 싶었던 우리들의 염원은 일시 정지 상태가 되어버렸다. 원하는 활동을 할 수 없으니 도시를 떠나 시골에 온 이유를 상실했으며 우리들의 꿈은 물거품이 된 것과 다름이 없었다. 남편과 나는 좌절하고 낙담했다.

'작은 도서관'의 꿈이 '책이 있는 집'으로

좌절과 실망으로 시작한 시골살이 첫 2년은 고통과 아픔의 시간이었다. 지나고 둘러보니 대한민국 모든 전원마을에서 예외 없이 문제가 발생하고 있었고, 문제의 원인도, 과정도 판박이처럼 닮아 있었다. 늘 그렇듯이 돈, 그리고 사람의 문제였다. 도시민들의 지방 이주를 유도하여 수도권 인구를 분산하고 국토 균형개발을 꾀하기 위해 세운 정부 정책 중 하나가 농림축산식품부의 전원마을 조성사업이다. 대체로 20가구가 넘는 일정 규모의 전원마을을 짓는다고 하면 중앙정부와 지방자치단체에서 수십억 원의 예산을 지원한다.

미루마을은 전원마을 가운데서도 규모가 꽤 커서 20억 원이 넘는 정부 자금을 지원받았다. 여기에 57가구가 납부한 분양대금을 더하면 전체 공사 규모 추정치는 약 120억 가량이다. 이렇게 엄청난 액수의 자금, 무엇보다 정부 지원금을 집행했음에도 불구하고 공사 결과는 부도수표로 남았다. 누군가 부정하게 횡령을 한 것인지, 혹은 예측할 수 없던 이유들로 공사 비용이 엄청나게 늘어난 것인지, 왜 이런 결과가 나왔는지 입주자들은 알 수도 없고 확인할 수도 없는 상태로 모든 공사는 끝이 났다. 개개인의 주택은 완공했지만 분양대금에 분명하게 책정해 두었고, 당연히 건립되어 주민들이 사용해야 마땅한 마을회관은 여전히 미완공 상태다. 이 모든 일들을 나는 도저히 납득할 수가 없었다.

목소리도 높여보고, 문제를 해결하기 위해 싸워도 보고, 분노도 해보았지만 마을 내 갈등만 깊어지고 관계만 망가질 뿐 해결은 쉽지 않았다. 우리 부부에게는 참 괴로운 시간이었다. 아, 마을은 결코 아름답지가 않았다. 우리가 사는 집에만 국한된 문제였다면 마음은 좀 더 편안했을지 모른다. 우리에겐 도서관이라는 큰 짐이 있었다.

우리가 사립 어린이도서관을 시작한 건 2002년으로 경기도 고양시 일산에서였다. 초등학교에 입학한 아들을 데리고 공공도서관에 갔다가 살짝 충격을 받은 게 도서관을 시작한 계기였다. 당시 일산에는 공공도서관이 단 하나 있었는데 마침 집 근처였다. 아이를 데리고 가보니 어린이 자료실에 신간도서는 구경할 수도 없었고 서가에는 70~80년대 낡은 전집류의 책들만 가득했다. 게다가 아이들이 조금만 웅성거려도 사서는 조용히 하라면서 제지하기에 바빴다. 당시 대부분 공공도서관의 모습이 이와 비슷했다. 어린이 서비스의 개념 확립 전이었고, 공부하는 열람실이 아닌 독서하는 공간으로서 공공도서관 개념도 부족하던 시절이었다.

책 좋아하는 엄마, 아이가 많은 책을 보면서 자라기를 꿈꿨던 엄마는 그때부터 어린이책을 사들이기 시작했고 집 안에 감당할 수 없을 만큼 책이 넘쳐나자 작은 도서관을 만들었다. 도서관을 통해 동네 아이들, 또 아이 엄마들과 책을 갖고 할 수 있는 온갖 즐거운 놀이들을 다 했던 것 같다. 그렇게 우리 아이는 도서관집 아들로 성장했고, 때마침 2000년대 10년 동안 우리나라 공공도서관 문화는 눈부시게 발전했다.

일산에는 지하철역마다 한 곳씩 공공도서관이 들어섰고, 어린이 전문 도서관도 세 곳이나 생겼다. 유난히 책과 문화예술 활동이 활발했던 일산 지역에는 작은 도서관들도 많았다. 더 이상 민간에서 도서관을 운영하지 않아도 될 만큼 인프라가 풍부해졌다고 느낄 즈음부터 우리 부부는 본격적으로 시골을 꿈꾸었다.

서울을 비롯한 수도권, 지방 대도시에서는 도서관 붐이라고 할 만큼 괄목할 만한 성장이 이어졌지만 지방 소도시, 특히 주민이 많지 않은 시골 마을에는 여전히 책문화라고 할 만한 것도, 책문화공간도 부족했다.

시골살이를 꿈꾸었던 남편, 그곳이 어디든 책과 함께 사는 걸 꿈꾸었던 아내는 동시에 만족할 수 있는 시골 지역을 찾아 나섰다. 도시에서 그랬듯, 우리의 시간과 정성을 들이면 지역에서 이웃들과 따뜻한 삶을 나누고 함께 책을 읽으며 지역에 꼭 필요한 사람이 될 것이라 믿었다. 그렇게 우리들의 꿈을 화려하게 꽃피워보리라 기대했던 시골살이의 첫 시작에 금이 간 것이다.

함께 책을 읽고 삶을 나누기는커녕, 마을 문제에 묶여 우리 스스로 상처를 많이 받았고 마음의 고통도 컸다. 그 와중에 도서관을 열 수 없게 되었다는 게 너무나 큰 좌절로 다가왔다. 지금 와서 생각하면 도시를 떠나 시골에 정착하는 일은 거의 이민을 가는 것에 비유할 만큼 엄청난 일이었는데 우리는 바로 옆 동네로 이사하는 것처럼 너무 가볍게 생각했는지도 모르겠다. 오랜 시간 많은 준비를 했다고 생각했지만 현실은 그 이상의 시간을 필요로 했던 건지도 모르겠다. 길게 시간을 갖고 천천히 한 발짝씩 나아갔어야 했는데 우리는 조금 조급했던 것도 같다.

하루라도 빨리 뭔가를 시작하고 싶었고, 꿈을 펼치고 싶었고 우리의 꿈이 날개를 활짝 펴는 걸 보고 싶었다. 그러다보니 말도 안 되는 불의한 사유로 완공이 늦어지는 마을, 용납하기 힘든 관공서와 개인의 무능함이나 안일한 행정 처리에 더 분노했다. 힘들었던 시간이다.

우리 힘으로 그 무엇도 어찌할 수 없는 시간이 길어지자 남편은 톱과 드릴을 들었다. 집을 다듬기 시작했다. 아침이면 일어나 마당으로 출근하고, 해가 져서 깜깜해지면 집 안으로 퇴근했다. 하루 종일 우리 집 마당에는 톱질 소리, 망치질 소리가 이어졌다. 그렇게 집 안 곳곳에 빈틈없이 서가가 세워졌다. 책꽂이밖에 만들 줄 모르던 사람이 테이블을 만들고 의자를 만들더니 드디어 지붕이 있는 파고라까지 혼자 만들어내기에 이르렀다. 압권은 오두막이었다. 바닥을 다지고, 기둥을 세우더니 벽체를 만들고 지붕을 이어내는, 그야말로 완벽한 형태의 오두막집 한 채를 혼자 지은 것이다. 더운 여름, 온몸이 땀범벅이 되면서도 남편의 톱질은 그칠 줄을 몰랐다. 그 많은 일들을 전기톱도 없이 슬근슬근 톱질로 해치웠다. 이웃의 도움을 받아 지붕도 함께 잇고 벽체도 같이 세우면 좋으련만 오롯이 혼자 해나가는 것이었다. 무슨 고집인지 전기톱도 사질 않아 나무를 끌어안고 땀을 뻘뻘 흘리며 톱질을 하고 있는 걸 보노라면 이건 뭐 목공을 하는 게 아니라 고행을 하는 수행자처럼 느껴지곤 했다.

워낙에 게으른 데다 몸 쓰는 걸 싫어하는 나는 이런 남편이 안타깝긴 해도 마당에 나가서 도울 엄두는 나질 않았다. 내가 거들어봤자 변변찮은 조수 덕에 힘만 더 든다며 반가워하지도 않기에 나는 이 모든 과정을 집 안에서 흘깃흘깃 훔쳐만 봤다. 저녁이면 집에 들어와 맥주 한잔 들이켜고 나가떨어져 천둥처럼 코를 골아대는 남편. 저러다 병나지 싶은데 이튿날이면 새벽같이 일어나 마당에서 다시 일을 시작하곤 했다.

아, 한마디로 남편은 그 긴 시간 동안 마당에서 도를 닦고 있던 것이다. 끓어오르는 분노, 좌절된 꿈, 풀 길 없는 화를 톱질을 하며 못질을 하며 잊으려 노력하는 중이었다. 머리는 비우고 몸은 고단하게, 마음은 잊고 노동만 기억하면서 말이다.

비로소 집이 완성되어 갔다. 집이란 사람의 정성임을 깨닫게 된 시간이었다. 방문하는 사람마다 감탄을 금치 못하는 동화 같은 집으로 변하고 있었다. 책꽂이 하나를 만들 때도, 책상을 만들 때도, 오두막을 지을 때도, 데크를 만들 때도 작업의 시작과 끝은 오롯이 책이었다. 책을 꽂았을 때 가장 돋보이는 책꽂이의 넓이와 깊이, 앉아서 책을 읽을 때 가장 편한 자세를 유지할 수 있는 책상의 높이와 크기, 그 안에 들어가 있으면 절로 책이 읽고 싶어지는 동화 같은 오두막, 이런 곳에서 하룻밤쯤 책을 읽다 잠들고 싶어지는 꿈의 다락방, 비밀의 계단.

오롯이 책만을 생각하며 만든 공간 구성과 가구들이었기에 책을 좋아하는 사람이라면 누구나 감탄하지 않을 수 없는 꿈의 책 공간을 만들어낸 것이다. 아니, 책을 좋아하지 않던 사람이라도 이곳에 오면 자연스럽게 책과 친해질 수밖에 없는 그런 공간이라고 말해야겠다.

집이 완성되어 가자 소문이 돌았다. 노동에는 아무 보탬이 되지 못하는 아내가 그의 작품과 공간들을 블로그에 소개하는 일을 맡았다. 처음에는 우리를 알던 지인과 친구들이 주로 찾아왔지만 공간이 제 모습을 갖추니 알지 못하는 방문객들이 늘었다. 우리의 책 〈유럽의 아날로그 책공간〉을 통해 우리 부부를 기억하던 이들이 블로그를 보고 찾아오는 일이 많아졌다. 모두들 와서 하루쯤 이곳에 머물며 책을 읽으며 쉬고 싶다고 했다. 꼭 아이들을 데리고 가족끼리 함께 오고 싶다고 했다. 그런 이들과 기분 좋게 하룻밤의 추억을 만들어가는 일, 행복하겠다 싶었다. 그렇게 새로운 일을 시작했다.

작은 도서관을 꾸리고 공공의 이익을 추구하며 책문화 활동을 하려던 기존의 계획에서 새로운 계획으로 방향을 틀었다. 손님들을 통해 생활비를 벌고, 돈을 받으면서 책문화 활동도 이어갈 수 있는 지극히 개인적인 영업 행위로 바뀐 것이다. 동화 같은 책의 집에서 하룻밤 머물며 책에 대한 아름다운 추억을 만들어가는 일, 누이도 좋고 매부도 좋은 일, 바로 '책이 있는 집에서 하룻밤'의 시작이었다.

책이 있는 집에서 하룻밤, 공간을 공유한다는 것

민박은 우리 계획에는 전혀 없던 일이었다. 여행하면서 낯선 곳에서 잠도 많이 자봤고 가난한 시절에는 여관에서부터 모텔, 펜션, 콘도, 여유가 생긴 다음에는 고급 호텔까지 수많은 숙박업소를 경험했다. 그때마다 우리가 생각하는 숙박업이란 어렵고, 더럽고 힘들기만 한 3D업종이었다. 주변에 은퇴한 분들이 수익 사업으로 펜션을 짓고 운영하는 걸 더러 보면서도 '나이 들어서 저렇게 힘든 일을'이라고 생각했던 우리 부부다.

숙박업을 조금이라도 긍정적으로 봤던 건 유럽 여행을 했을 때였다. 유럽의 책마을은 대부분 깊숙한 산골 어딘가에 있기 때문에 예약할 수 있는 최적의 숙소는 현지 민박이다. 인터넷을 뒤지고 또 뒤져 찾아냈던 유럽 시골 마을 민박집들. 그곳은 값도 쌌지만 그 외의 것들도 하나같이 맘에 들었다.

남프랑스 시골 마을에선 목초지가 있는 넓은 농가 한 채를 단독으로 빌려 묵었는데 무척이나 싼값에 피레네 산맥 아래 맑은 별빛을 독차지할 수 있었다. 몽톨리외 책마을 근처에선 나이 든 노부부가 살고 있는 농가에 방 한 칸을 얻어 들었다. 이튿날 아침 노부부가 직접 생산한 벌꿀, 손수 만든 과일잼과 빵, 금방 내린 커피 한 주전자를 같이 앉아 먹고 마시며 말도 안 되는 호사를 누렸다. 그런 친절과 그런 편안함과 그런 자연의 밥상. 아, 이게 지금 우리나라에선 모두 사라져버리고 정 없이 돈만 지불하는 펜션식 숙박으로 몽땅 바뀌어버린 가정 민박의 원형이로구나, 하고 느낄 수 있었다.

집주인이 살고 있는 집에 방 한 칸을 빌려 머무는 숙박의 경험, 그건 돈을 주고받는 거래 행위임에도 불구하고 마치 친척 집, 친구 집에 놀러온 듯한 친밀감과 따뜻함을 느끼게 해주었다. 아침에 일어나 인심 좋은 주인아주머니의 푸짐한 시골 밥상을 받아먹는 이 따뜻함은 여행의 기억에서 가장 행복했던 순간이 아닐까 싶다.

우리는 이렇게 행복했던 시골 민박의 경험을 떠올렸다. 그런 만남의 공간이라면 우리도 기꺼이 할 수 있지 않을까 생각했다. 집을 지을 때부터 2층 다락방은 아들 방으로 정해 놓았었다. 하지만 괴산으로 이사한 후 아들이 그 방에서 시간을 보낸 적은 많지 않다. 고등학교 때는 기숙사에 있었고 대학에 진학한 이후는 학교 앞에 방을 얻어 독립했기 때문이다. 어쩌다 집에 오는 아들을 위해 많은 날들 방을 비워 두었다. 그 방이 자연스럽게 손님방이 되었다.

민박을 하겠다고는 했지만, 사실 지인들이 많이 찾아올 것이라 생각했다. 본격 사업을 한다기보다는 우리와 알고 지낸 이들이 그냥 와서 묵기는 염치없으니 일정한 비용을 정해놓으면 편하게 묵어 갈 것이라 생각했다. 또 가정식 민박이라는 게 투자가 들어갈 일이 없으니 비용 부담도 없고, 만일 하다가 힘들면 그만두면 된다는 가벼운 생각도 있었다.

그런데 생면부지의 사람들에게서 숙박 문의가 들어왔다. 블로그에 올린 소개를 보고 '바로 내가 찾던 그 집'이라는 사람들의 전화가 이어졌다. 조금 겁이 났다. 이 낯선 상황은 뭐지?

그래서 전화나 이메일 문의가 오면 자세히 물어봤다. 우리 집은 어떻게 알게 되었는가, 우리 집은 여타 민박이나 펜션과는 다른 곳인데 그걸 알고 있는가, 블로그에 소개한 내용을 자세히 읽어봤는가, 그러고도 우리 집에 와서 머물고 싶은가?

가장 중요하고도 핵심적인 마지막 질문은 이거다.

"책을 좋아하세요?"

우리 집은 일반 유흥지나 숙박업소와 달라서 책을 좋아하지 않는 분들은 와서 실망할 수 있다는 걸 재차 강조하고서야 손님을 받았다. 그랬더니 손님들 사이에서 우스갯소리로 이곳은 민박을 신청했더니 심층면접을 보더라는 소문이 났다.

사실 우리 집은 민박을 하기에 적합한 구조가 아니다. 그냥 가정집으로 지은 곳인 데다 평소엔 우리 부부 두 사람만 살기 때문에 욕실과 화장실도 한 개밖에 만들지 않았다. 1층엔 주인장이 눈을 동그랗게 뜨고 앉아 있고, 손님들은 2층 다락방에 머물기 때문에 낯을 가리는 사람들에게는 불편한 구조다. 블로그에 그

점을 매우 강조했다. 여행 와서 독립 공간에서 혼자 편히 쉬고 싶은 분들에겐 맞지 않는 집이라고, 하지만 가까운 친척 집이나 친구 집에 놀러온 것처럼 우리와 함께 공간을 나누고 싶은 분들에게는 적합하다고.

심층면접을 세게 보기 때문인지, 예습을 열심히 하고 올 수밖에 없어 이런 점들을 다 고려하고 와서인지 숙박에 대한 만족도가 높았다. 우리도 몹시 즐거웠다. 낯선 사람들과의 하룻밤은 의외로 대단히 신선했다. 방문객들과 술 한잔 혹은 다과를 함께 하면서 이야기를 나누다 보면 신기하게도 꼭 겹치는 부분이 있었다. 한두 단계만 거치면 서로 알 만한 사람들이 나오기도 했고, 굳이 그렇지 않더라도 책이라는 공감대가 있어서 함께 나누는 시간들이 즐거웠다.

무엇보다 만남과 관계의 폭이 굉장히 넓어졌다. 사람이란 전혀 의외의 사람들을 만나기가 쉽지 않다. 원래부터 친구이거나, 사회에서 만난 관계라면 대개 비슷한 일을 하거나, 비슷한 환경의 사람들을 만나게 된다. 나이가 들수록 이런 만남의 폭은 더욱 좁아져서 주변을 답답하게 느끼게 되고 그래서 다양한 사람들을 만날 수 있는 살롱문화를 그리워하게 되는 법이다.

우리도 비슷했다. 특히 10년 넘게 작은 도서관 일을 하면서 도서관과 책문화, 출판 관계자들과 만나왔고 친구들도 책과 관련한 일을 하는 사람들이 많았다. 조금 다른 범위라면 아들을 중고등학교 모두 대안학교에 보냈기 때문에 대안학교 선생님이나 학부모 정도랄까.

그러나 민박집에서 만나는 이들은 너무도 다양해서 시민단체와 도서관, 대안학교 등 기존에 우리와 관계를 맺던 분야와는 전혀 무관한 다른 세상이 많았다. 수녀님이나 스님 같은 종교계 사람들, 병원에서 일하는 이들, 복지관이나 보육원에서 일하는 사회복지사들, 전직 혹은 현직 군인들. 물론 그들 중에는 하룻밤 연을 맺고 그것이 전부인 관계도 있었지만 하룻밤의 인연이 서로의 기억 속에 잊을 수 없이 깊이 새겨져 블로그나 페이스북을 통해 꾸준히 연락하거나 몇 번씩 재방문을 하는 등 마음을 나누는 관계로까지 발전하는 경우도 많았다. 아, 이유나 내용이 어찌되었든 하룻밤을 같이 보낸다는 게 얼마나 깊은 인연인지를 절절하게 깨닫게 되었다. 하룻밤에 만리장성을 쌓는다는 말, 옷깃만 스쳐도 인연이라는 말을 온몸으로 느꼈고 사람이 사람을 만난다는 것의 엄중함에 대해 깊이깊이 느끼는 시간이었다.

사람이 온다는 건
실은 어마어마한 일이다.
그는
그의 과거와
현재와
그리고
그의 미래와 함께 오기 때문이다.
한 사람의 일생이 오기 때문이다.
부서지기 쉬운
그래서 부서지기도 했을
마음이 오는 것이다.

그 갈피를
아마 바람은 더듬어볼 수 있을
마음,
내 마음이 그런 바람을 흉내낸다면
필경 환대가 될 것이다.

('방문객', 정현종)

시골 마을 가정식 민박집에서 손님들을 맞고 또 보내면서 우리는 가슴으로 이 시를 읽는다. 한 사람의 일생을 만나는 엄중함. 그들의 마음 갈피를 조금이라도 헤아려주는 크나큰 환대를 베풀 수 있는 민박집 주인이 되기만을 바랄 뿐이다.

꿈을 파는 오두막 책방

남편이 열심히 도를 닦은 덕에 집 안 곳곳에 공간들이 생겨났다. 비어 있는 틈 없이 빼곡하게 책장을 채우고 서가를 정리하노라니 창고 속에 묵혀두었던 책들이 긴 잠에서 깨어나기 시작했다. 도서관에 두고 오래도록 보면 좋을 책, 우리가 개인적으로 소장해서 간직하고 싶은 책들을 추리고도 책들이 많이 남았다. 그 책들을 정리해 마당에 있는 오두막에 꽂아두고 '오두막 책방'을 열었다. 우리 집을 오가는 사람들이, 혹은 지나는 마을 사람들이 누구나 들러 편히 책을 볼 수 있는 공간이면 좋겠다 싶었다.

38

그런데 방문객들이 늘어나면서 이 책들을 살 수 있는지 묻기 시작했다. 책이 있는 집, 책 읽기를 권하는 집에서 하루를 보내다 보니 우리가 이야기하는 책, 추천하는 책을 사가면 좋겠다는 생각을 하는 것이다. 생각해보니 어차피 마을회관에 도서관을 열 것이고, 도서관에 놓을 장서는 따로 정리해두었으니 이 책들을 굳이 갖고 있을 필요가 없겠다 싶었다. 새 책이 아니니 정가보다 많이 할인한 가격에 판매를 한다면 방문객들에게도 좋은 일일 것이었다.

그렇게 책을 팔기 시작했다. 이때까지만 해도 서점을 염두에 둔 것은 아니었다. 도서관에서 보던 책을 한 번씩 정리해 중고책 벼룩시장을 열었던 것처럼 갖고 있는 책을 처분하는 정도의 의미였다. 돈이 모아지면 그걸로 다시 새 책을 사서 도서관 장서를 늘릴 수 있으니 좋은 일이기도 했다.

그런데 의외로 책이 잘 팔렸다. 우리는 조금 놀랐다. 물론 새 책 같은 중고책이니 좋은 책을 싸게 살 수 있다는 장점이 컸을 것이다. 게다가 방문객들의 특성에 맞게 적절한 책을 골라주니 모두들 좋아했다. 갖고 있던 좋은 책이 많이 팔려 나갔다. 우리가 추천하는 책이 다 우리 집에 있는 건 아니니 이러저러한 책을 보라고 권해주면 다들 제목을 적어가며 인터넷서점에서 사야겠다고 했다. 어디서 사든, 좋은 책이 잘 팔리는 건 좋은 일이고 원래 작은 도서관을 운영할 때부터 우리의 주된 일이 이용자들에게 좋은 책을 소개하는 것이니 나쁠 거야 없었지만, 문득 이런 생각이 들었다.

'우리가 지금 갖고 있는 중고책뿐 아니라 새 책도 갖다놓고 팔면 어떨까?'

당시는 도서정가제 시행 이전이라 인터넷서점에서 엄청난 할인판매를 하고 있었고, 우리는 주위에 추천하고 싶은 좋은 책을 두세 권씩 사서 모았다. 방문객에겐 사들인 가격에 이윤을 조금 보태서 판매했다. 수많은 책 가운데 좋은 책을 골라내고, 권해주는 우리의 노력에 매기는 대가라 생각했다. 사람들이 좋아했다.

책을 사가는 사람들이 늘자 영업 허가 없이 그냥 책을 판매하는 게 마음에 걸렸다. 이거야 말로 무허가, 무자료 거래 아닌가 말이다.

"우리 정식으로 서점을 한번 해보면 어떨까?"

어느 날, 속으로만 생각하던 말을 부부가 마주보고 앉아 드디어 입 밖으로 내놓았다. 아무래도 말이 안 되는 얘기라 서로가 차마 드러내고 하지 않던 그런 말.

'책을 읽지 않고, 책이 팔리지도 않고, 동네서점들이 우수수 문을 닫는 이런 때 서점 창업이라니? 그것도 상권 좋은 도심 어딘가가 아니라 시골 마을 귀퉁이에서? 지금 장난해?'

이런 생각이 서로가 이 말을 입 밖으로 꺼내는 걸 막고 있었던 것이다. 그런데 마음 한편에선 스멀스멀 다른 생각이 피어올랐다.

'도심 한복판에선 절대 못 하지. 왜? 당연히 망할 테니까. 우리 노후연금 다 털어먹고 말년에 아파도 병원 한 번 못 가보고 노상객사할지도 모를 테니까. 시골 마을 귀퉁이니까 가능한 거 아냐?

40

일단 임대료가 안 들잖아. 모든 자영업자들의 마지막 꿈이라는 '자가 건물'. 여기는 우리 집이니 망할 염려가 없지. 책 안 팔리면 어때? 그러면 우리가 다 껴안고 살면 되잖아. 그동안 서점 같은 거 안 했어도 여태까지 우리가 매달 사들인 책을 돈으로 환산하면 웬만한 서점 매출은 될 텐데. 이거, 말 안 될까?'

　도서관이든, 서점이든 책을 기반으로 하는 문화공간이라는 점에서는 같다. 도서관은 공공 기관이고, 서점은 영업장이지만 책이라는 물품의 성격상 어느 정도 공공성을 기초로 한다. 도서관은 책을 보관하고 빌려주는 곳이지만, 서점은 책을 순환하고 판매하는 곳이다. 방식은 다르지만 거래의 대상이나 관계망은 거의 같다고 할 수 있다. 도서관은 독서문화를 장려하고 교양 있는 시민을 키워내기 위해 낭독회, 전시회, 토론회, 저자 초청 행사 등 각종 문화 행사를 연다. 서점 역시 독서문화를 장려하기 위해 같은 행사들을 연다. 다른 점이 있다면 책을 한 권이라도 더 팔아야 한다는 상업 목표를 꾀하는 사실이다.

　그동안 내가 도서관에서 해왔던 모든 일들을 서점에서 동일하게 할 수가 있다. 업종의 형태가 도서관이든, 서점이든 관계없이 그 공간에서 내가 하고 싶은 책문화 활동을 할 수만 있으면 좋을 것이다. 그러나 우리 부부도 시골에서 먹고 살기 위해 최소한의 생계유지비는 필요하니 어쩌면 도서관의 형태보다는 영업을 하고 이윤을 추구할 수 있는 서점의 형태가 더 어울릴 수 있겠다는 생각에 이르렀다.

　알아보니 서점을 창업하는 데 특별한 조건이 필요하지는 않았다. 시골 가정집에서도 서점을 열고 영업 행위를 할 수가 있었다.

그래, 이제 우리 서점을 열자. 번듯한 도심 빌딩에 자리 잡은 대형서점도 아니고, 사람들 발길 끊이지 않는 대학가 소형서점도 아닌, 시골 마을 한 귀퉁이에 자리 잡은 한국 최초의 가정식 서점. 누군가는 시골 빵집에서 자본론도 굽는다는데 우리는 시골 책방에서 책을 사고파는 그런 기적 같은 일을 한번 만들어보자.

2014년 4월 30일, 동청주세무서에서 서점 사업자등록증을 받아들고 우리 부부는 흥분한 얼굴로 소주잔을 들었다. 취하지도 않았다.

'숲속작은책방'의 첫 걸음이었다.

행복한 소비의 의무가 있는 집

아마도 영업행위를 하는 공간의 특징은 그곳에 들어오는 모든 이를 두 팔 벌려 환영한다는 정신일 것이다. 그 사람이 여기서 물건을 살 수도 있고, 사지 않을 수도 있지만 그걸 미리 알아볼 길은 없고 모든 사람은 지갑을 열 가능성을 가진 잠재 고객이기에 손님을 선별해서 받을 수는 없다.

서점 같은 업종은 더군다나 만인에게 열린 공간이다. 서점에 들어온 이들이 모두 책을 사야 하는 것은 아니다. 심지어 책을 살 의사가 전혀 없는 사람, 주머니 사정이 여의치 않은 사람들이 공짜로 책을 보기 위해 입장한다고 해도 아무런 제지가 없을뿐더러 그런 행위에 죄의식을 느낄 필요가 없는 곳, 서점이란 이렇게 맘 편한 곳이라는 게 우리들 모두의 공통된 생각이다. 약속 시간 전 잠시 시간을 때우기 위해 들르는 곳, 친구랑 만날 곳이 적당치 않을 때 만남의 장소로 이용하기도 하는 곳, 그런 곳이 서점이다.

그러나 우리는 이곳 시골 마을 작은 책방에서 서점의 정의를 다시 내린다. 서점이란, 그곳에 들어가면 반드시 책을 한 권이라도 사들고 나와야 하는 곳. 그곳에서 내게 필요한 정보를 얻었거나 친구와 만남의 장소로 이용했다면 더더욱 그에 상응하는 대가를 책 구매 행위로 치러야만 하는 곳.

왜? 지금 모든 서점은 아사 직전의 상태이기 때문이다. 골목 안 작은 서점들은 이미 굶어 죽은 지 오래고, 이제는 대형서점, 중형서점도 생존을 장담할 수 없는 지경으로 막다른 골목에 다다른 위기 산업이기 때문이다. 그러니 이 서점들이 있어주어서 고마웠던 이들, 이왕이면 내 집 옆에 술집이 있기 보다는 서점이 있었으면 하는 이들이라면 서점에서 지갑을 열어 달라는 뜻이다. 서점은 더 이상 고객의 주머니를 쳐다보지 않아도 되는 고상한 인격체가 아니다. 고객에게 덤벼들어 주머니를 뒤져서라도 돈을 찾아내야 할 지경에 다다른 배고픈 좀비 상태가 되어버렸다. 무슨 수를 써서든 한 권의 책이라도 더 팔아서 수명을 연장해야 하는 중증 환자들인 것이다.

우리는 이런 현실을 인정하는 것에서부터 출발해야 한다고 믿었다. 그래서 우리 부부는 처음부터 책을 '강매'하는 책방으로 출발했다. 시골 마을 작은 책방은 오가는 대화 속에 정이 넘치는 인

43

심 좋은 공간이 아니라(미안하다, 그간 당신이 오해했다) 웃는 얼굴로 지갑을 열고 책 사기를 강요하는 상업 공간인 것이다.

"책을 좋아하고 종이책의 향기를 그리워하는 이들이 살고 있는 집입니다. 책을 좋아하는 분이라면 누구나 환영합니다. 그러나 책 한 권은 꼭 사가셔야 해요."

지금은 지웠지만 한때 우리 집 대문 앞에 붙여놓았던 광고판이다. 사람들은 고개를 갸웃거린다. 책을 살 것인지 말 것인지는 들어가서 일단 보고 결정해야 하는 것 아닌가? 어쨌든 사람들이 많이 들어와서 봐야 책이 한 권이라도 더 팔리는 것 아닌가? 이렇게 도도한 자세로 상품을 팔겠다고?

아마도 도시에 있는 서점이라면 고객들로부터 원성을 사기 십상일 것이다. 하지만 시골 책방의 현실은 도심 속 책방들과는 분명한 차이가 있다. 그건 바로 관광지에 위치한 예쁜 전원주택이라는 점이다. 이곳을 방문하는 이들은 누구나 우리와 대화를 나누고 싶어 한다. 그런데 그들 중 많은 이들이 관심을 갖는 건 책이 아니라 집이다. 우리 마을을 찾는 사람들은 누구나 전원생활에 대한 꿈을 갖고 있고, 실제로 그 꿈을 구현하고 사는 사람들의 이야기가 궁금하다. 그런 이들이 책방 문을 열고 들어오는 것이다.

그들 대부분은 책에는 전혀 관심이 없고 우리 집에만 관심이 있다. 자신의 궁금증을 채우기 위해 우리의 귀한 시간을 마구마구 빼앗아 가지만 그게 우리에게 얼마나 폐가 되는 일인지 생각하지 못한다. 본인들의 궁금증을 해결하고 가버리면 끝이다. 이런 일을 반복해서 겪으니 우리도 좀 힘들었다.

책을 좋아하는 사람만 들어오라고, 그리고 들어오면 꼭 책 한 권을 사가야 한다고 제법 으름장을 놓으니 문을 밀고 들어오는 사람들이 줄었다. 아, 책 한 권을 산다는 게 이다지도 힘든 일인가. 가게에 들어가서 길을 물어보더라도 미안한 마음에 음료수 하나라도 사먹는데 30분씩, 1시간씩 남의 시간을 빼앗아 귀한 정보를 얻어가면서 책 한 권 사 가는 일이 그렇게 불편한 소비일까? 한편으로는 씁쓸하기도 했다. 고기도 먹어본 사람이 잘 먹는다는데 돈을 주고 책을 산다는 일에 익숙하지 않은 우리나라의 현실을 새삼 느꼈다.

어쨌든 광고문을 붙인 이후로 우리들 몸과 맘은 조금 편해졌다. 누가 뭐라 한대도 우러나지 않는 친절과 억지웃음으로 스트레스를 받기 보다는, 우리 맘이 편해야 사는 게 행복하지 않겠는가. 행복하기 위해선 '미움 받을 용기'가 필요한 법이다.

물론 우리는 이기적인 사람들이다. 숲속작은책방이 책과 전혀 상관없는 이들이라도 누구나 들어와 집 이야기, 부동산 이야기, 사는 이야기를 나눌 수 있는 그런 따뜻한 집이라면 좋겠다. 우리가 그런 모두를 품어 안을 수 있을 만큼 몸과 마음, 시간의 품이 크고 넓은 사람이었으면 좋겠다는 생각도 해본다. 하지만 아직 우리는 거기까지 미치지 못한다는 걸 인정할 수밖에 없다. 그러니 어쩌겠는가, 생긴 대로 살 수밖에. 흰머리가 더 나고, 이빨에 힘이 더 빠지고 난 후에는 지금보다 좀 더 너그러운 인격이 되기만을 바랄밖에.

45

이런 이유들로 어쨌든 우리 책방의 핵심 키워드는 책 권하는 책방, 책을 강매하는 책방이 되었다. '이곳을 방문하는 이는 누구나 책 한 권씩 꼭 사가야 하는 행복한 소비의 의무가 있는 집'으로 우리의 이기심을 조금 고상하게 위장해 놓았다. 물론 책방에 들르는 이들은 우리의 이런 시뻘건 속을 대충 이해하지만 역시 고상한 응대로 우리에게 화답해주곤 한다. 이곳에서 사가는 한 권의 책이 시골 마을에서 책방을 열고 있는 당신들에게 격려가 된다면 지갑 속의 돈 만 원을 꺼내는 일이 그리 불쾌해지지는 않다고 말이다. 오히려 이곳에서 보낸 시간과 공간의 행복함을 생각한다면 기꺼이 이 공간을 지키는 당신들의 노력에 지갑을 열겠다고 말이다. 게다가 그런다한들, 그 돈은 어쩌면 내 삶을 통째로 뒤흔들 수도 있는 한 권의 책이 되어 다시 내 품 안으로 돌아오는 것이니 기꺼운 일일 뿐이라고.

역시 착한 방문객이 착한 주인을 만든다. 현명한 독서 시민이 좋은 서점을 살리는 힘이다.

책방, 그곳은 책과
이야기가 있는 기억의 박람회장

Book & Story Museum. 얼마 전, 우리 책방에서 하룻밤 머물고 간 이가 이런 이름을 붙여주었다. 이곳이 사랑스러운 이유는 책만 있는 게 아니라 수많은 사람들의 책에 대한 꿈, 이 공간에서 나눈 아름다운 기억들이 있기 때문이라고 했다.

숲속작은책방을 열고 1년. 우리는 이곳에서 수많은 사람을 만났다. 불과 1년 만에 천 명 가까운 방문객들과 만났고 그들과 책에 대한 기억들을 나누었다. 공간이 아름다운 건 추억 때문일 것이다. 다른 이의 추억 속에서 잊고 있던 나를 되찾고, 나의 추억이 다른 이에게 동경이 된다. 그렇게 좋은 꿈들이 서로에게로 퍼져 나가는 따뜻한 만남의 기억들, 이야기로 충만한 공간. 숲속작은책방은 이런 기억들의 박람회장이다.

책방을 열고 운영하면서 비로소 책의 유통 과정에 관심을 갖게 되었다. 도서관에서 일하던 시절, 나는 온전히 소비자였다. 유통사를 통해서든, 서점을 통해서든, 온라인이든, 오프라인이든 나는 책을 구매하는 입장이었고, 많은 책을 구매해야 하니 조금이라도 더 싼값에 책을 확보할 수 있는 일에 관심을 기울여야 했다.

책방을 열고 나니 나는 소비자이면서 동시에 공급자가 되었다. 유통사로부터는 책을 공급받아야 했고, 소비자들에게는 책을 공급해줘야 하는 두 가지 역할을 하게 되었다. 책을 팔아 이익을 남겨야 하니 유통사로부터는 낮은 값에 책을 구해야 했고 독자들에게는 비싼 값, 가급적 정가에 책을 판매해야 했다.

이 과정에서 책이라는 상품이 얼마나 이익이 박한 상품인지를 깨달았다. 책 한 권을 중간 유통회사로부터 보통 25퍼센트 할인된 값에 받아서 정가에 판매한다고 했을 때 순수익은 25퍼센트. 책 한 권 값을 평균 잡아 1만 5천 원 정도라고 보면 3~4천 원 정도 이익이 남는다. 만일 매장을 갖고 있다고 하면 임대료, 직원을 고용하고 있다고 하면 인건비를 지불해야 하니 과연 매출을 얼마나 올려야 서점 한 곳이 유지가 될까?

　사람들이 은퇴 후 하는 창업 중 가장 흔한 업종이 음식점인 이유는 소위 '먹는 장사'가 그래도 가장 많이 남기 때문이라고 한다. 원가 대비 이익률이 매우 크다는 것이다. 또 하나 장점은 팔다 남은 음식을 가족이 먹으면 되기 때문에 어쨌든 먹고 사는 문제는 해결할 수 있다는 점이다. 물론 그만큼 수많은 경쟁에 치여이 또한 제대로 유지하기가 어렵긴 하지만 말이다. 이와 비교하면 책이라는 건 이문도 박하고, 팔다 남으면 가족이 먹어 치우기는커녕 남은 책을 첩첩이 쌓아놓아야 한다. 그만큼 더 넓은 공간이 필요해지기 때문에 짐 덩어리가 되어 버린다는 단점이 있다. 요즘 세상에 땔감이 필요한 것도 아니니 팔다 남은 책만큼 쓸모없는 것도 없다.

　그럼에도 불구하고 책은 인류가 간직하고 보관해야 하는 지적 재산임엔 틀림없고, 사람들에게 책이라는 제품의 실물을 전시하고 보여줄 수 있는 서점은 사라져서는 안 될 업종이다. 무엇보다 서점이란 이야기가 모이는 곳이다. 삶이 모이는 곳이다. 생각들이 모여서 미래를 향해 한발 나아가는 동력을 키우는 진보의 공간이다.

　문득 주위를 살펴보니 서울을 비롯해 전국에 이런 공간들이 때론 오래도록 살아남아, 때론 새로이 문을 열어 숨을 쉬고 있었다. 동네서점들이 모두 말라 죽었다고 하지만 그 와중에 힘겹게 목숨줄을 이어가고 있는 곳들이 있었다. 서점의 문을 열자 그런 이들이 눈에 들어왔다. 그들은 과연 무엇으로 먹고 살고 있을까?

48

책을 읽지 않고, 생각하기를 멈춰버린 이 야만의 시대에 그들은 누구를 위해 존재하는 것일까?

우리는 궁금했다. 그들을 만나보면 어쩌면 우리가 지난 1년, 왜 이렇게 말도 안 되는 이상한 실험을 했는지 답을 찾을 수 있을 것 같았다. 어쩌면 그들도 자신들이 이 세상에 살아남아야 할 이유들을 찾기 위해, 답을 줄 그 누군가를 기다리고 있을지도 모른다는 생각이 들었다. 그들을 만나보면 어떨까?

"우리는 시골 마을 작은 집에서 아무리 해도 맞춰지지 않는 꿈의 퍼즐 하나를 찾아 전국을 헤매고 있습니다. 당신은 누구인가요? 우리가 잃어버린 퍼즐의 한 조각을 당신은 갖고 계시나요?"

우리는 물어보고 다니기 시작했다.

2부

책을
권한다는 것,
함께
읽는다는 것

백창화

왜 다시 서점일까?

> 동네서점에 새바람이 분다. 대형서점·온라인서점에 밀려 기존
> 동네서점이 하나둘 사라지기 시작한 지도 오래. 최근에는
> 새로운 작은 서점이 곳곳에 생겨나고 있다. 퇴근길에 맥주
> 한잔 걸치며 책을 고를 수 있는 서점부터 독립출판물로
> 이름난 서점까지 저마다 색깔이 뚜렷한 게 특징이다. (…)
> 독립출판물을 유통하는 서점(복합문화공간 포함)만 꼽아도
> 서울·부산·대전·대구·강릉·제주 등 전국에서 현재 약 40곳에
> 달한다. 흥미로운 건 이 중 절반가량이 지난해와 올해 문을 연
> 점이다. 전반적으로 지역서점이 급감해 온 추세에서 단연 눈에 띄는
> 현상이다. 문화체육관광부에 따르면 전국의 지역서점은 1994년
> 5683개에서 2003년 2247개, 2011년 1752개, 2013년 1652개로
> 줄어들었다.(중앙일보, 2015. 3. 3.)

우리가 갖고 있는 서점에 대한 기억이란 어떤 것일까? 지금은
없어졌지만 종로서적, 그리고 교보문고로 대표되는 대형서점에
관한 기억. 그곳은 무엇보다 만남의 장소였고, 오랫동안 서서 맘
껏 책을 읽어도 눈치가 보이지 않는 간이 도서관이었으며, 고급
문구와 커피가 있는 카페테리아였다.

70년대와 80년대 대학을 다닌 사람들이라면 사회과학 서점으
로 대표되는 학교 앞 서점들의 추억을 이야기할지 모른다. 그러
나 낭만과 추억을 이야기하기에는 너무도 강퍅했던 시대, 이곳
은 사랑보다는 혁명이 어울리고 한가한 좌담보다는 학습과 실천

53

의 긴장이 넘쳐 흐르던 청년들의 투쟁의 현장이었을지 모른다. 책이란 그 자체가 강한 이데올로기 상품이기에 그 상품을 취급하는 공간의 사상성이란 아마도 원초적인 것일 테다.

그 시대를 살아온 우리들 40~50대들에게 책이라는 상품을 판매하는 상업 공간으로서의 서점 말고, 저항과 실천을 위해 학습을 교양하던 서점 말고, 공간 자체가 갖고 있는 품격과 교류로 매혹을 느끼게 해준 '문화 살롱'으로서의 서점이 있었을까? '목마와 숙녀'로 유명한 시인 박인환의 서점 '마리서사'는 그런 점에서 우리에게 판타지다. 그 자신이 시인이면서 서점 운영자이기에 책도 팔지만 시인과 소설가들이 모여 문학을 이야기하고 시대의 우울을 노래하던 특별한 공간. 서로의 글을 낭독하고, 품평하고, 새로운 장르를 실험하던 문화사랑방, 문인과 문학을 지향하는 이들의 살롱.

시대는 흘렀고, 공간에 대한 갈망을 꺼내놓기도 전에 책의 시대가 저물기 시작했다. 1990년대 경제 활황과 동반한 미디어를 중심으로 한 문화 폭발은 영상산업과 IT로 이어졌고 2000년이 열리자 종로서적의 부도와 함께 서점을 지탱하던 한 축이 무너져 내렸다. 출판산업은 지속해서 하향세를 걷는 대신, 매장을 갖지 않는 온라인서점이 무섭게 성장했다. 그렇지 않아도 책은 덜 만들어지고, 덜 읽혀지고, 덜 팔리는데 누구도 서점에 갈 필요가 없어진 온라인 세상이 되어버린 것이다.

이제 세상엔 두 가지의 선택만 남았다. 광화문 네거리 대형서점에 갈 것인가, 온라인서점에서 서핑을 할 것인가. 지역에서 차곡차곡 지역의 공동체와 삶을 가꾸던 중형서점들이 문을 닫았

54

고 하굣길, 퇴근길 동네를 오가며 들르던 작은 동네서점들이 폐업했다. 우리가 사는 동네에서 서점이란 문구와 복사기 사이에 학습참고서만 그득한 곳, 학생들에게 책이란 교과서와 참고서에 다름아니고, 학생 아닌 이들은 들를 이유가 없어진 그런 곳이 되었다. 그러면서 점점 더 책은 일상에서 멀어졌다. 책이라는 상품을 우연히 만날 일은 사라지고, 정말 책이 필요한 사람들만이, 정말 먹고 사는 데 꼭 필요한 책들만을 찾는 세상이 되어 버렸다.

그러자 그동안 숨죽이고 숨어 살던 종족들이 더 이상 참지 못하고 마루 밑에서 기어 나오기 시작했다. 그동안 한국 사회의 현실이 전 세계적인 것이라고 생각하고 포기하고 체념하던 이들이 다른 나라들을 유심히 살펴본 결과 그렇지 않을 수도 있다는 걸 발견하기 시작했다. 유럽도, 미국도 물론 대형서점과 온라인서점이 시장을 장악하고 있는 건 맞지만 틈새가 있었던 것이다. 우리처럼 99퍼센트가 아니다. 유럽의 경우 독립서점들이 유럽 도서시장 전체 매출의 20퍼센트를 차지하면서 지역 문화의 모세혈관 역할을 하고 있다.

출판 유통과 관련한 외국의 사례를 살펴보면 출판 선진국 가운데 미국과 독일은 주요 출판 강국이면서도 출판 시장은 매우 대조적인 양상을 보이고 있는데, 미국 시장은 소위 빅 6(Big Six)라고 하는 대형 출판사의 비중이 매우 큰 반면, 독일은 상대적으로 양극화 현상이 두드러지지 않을 뿐 아니라 출간활동이 더 왕성하다. 그 이유 중 하나가 독일 출판산업은 출판계가 스스로 상생을 중시하여 출판사-도서유통사-서점 간 협업이 잘 이루어지는 데 있다.

('스마트미디어시대 출판유통 도소매점 경영환경 변화연구',

한국출판문화산업진흥원, 2013)

　대형출판사 – 대자본 마케팅 – 대형서점이라는 단순 구도에서
벗어나 자본력은 떨어지지만 색깔 있는 소규모 출판사가 지역의
독립서점을 통해 바이럴 마케팅을 펼치고, 독립서점의 각종 문
화예술행사를 기반으로 모여든 독자들이 일정한 판매부수를 확
보해주는 선순환이 이루어지는 것이다. 대형 베스트셀러를 만들
어내지는 못하지만, 소규모 출판사가 지속가능할 만큼의 독자는
확보가 되며 지역의 서점 역시 대형서점과 차별화되는 독특한
콘텐츠들을 판매함으로써 생존의 이유를 찾아가고 있다.

　　**독립서점이 외치는 반체인서점에 대한 수사적 표현에는 다음과
　　같은 내용들이 기묘하게 섞여 있다. 공동체의 화합과 소규모에
　　대한 보수적인 향수, 아이디어 시장에서 자유로운 표현과 자유로운
　　선택을 할 수 있는 개인의 권리에 대한 진보적인 옹호, 때로는
　　자유시장 경쟁과 경제 엘리트의 권력에 대한 철저한 비판이다. (…)
　　독립서점을 운영하기로 결정한 사람들은 그다지 돈을 벌지 못하고
　　많은 시간 일을 해야 하며 굉장히 큰 불확실성을 겪는다. 이들은
　　자신이 다른 사람에게 책을 제공해줌으로써 이 사회를 더 나은
　　곳으로 바꾸고 있다고 믿는다.**

　　(<서점 VS 서점>, 로라 J. 밀러, 한울아카데미)

　유럽에서는 대체로 이런 독립서점의 믿음에 부응하는 독자들

이 건강한 독서 생태계를 이끌어가고 있다. 이런 유럽 독립서점들의 가치를 우리 나름의 방식으로 실천해가는 이들이 우리 주변에도 생겨나기 시작했다. 이들이 바로 최근 1~2년 새 급작스레 숫자를 불려가고, 그로 인해 화제가 된 동네 작은 책방들이다.

이들은 지금 막 한 걸음 내딛었기에 성공과 실패를 말하기는 이르다. 어쩌면 이들 중 또 많은 수가 현실의 높은 벽에 부딪쳐 줄줄이 문을 닫았다는 소식을 접하게 될지도 모른다. 그러나 만일 그렇더라도 이들이 문을 닫은 자리에 또 다른 실험들이 이어질 것이다. 이들의 실패는 그 자리에서 그냥 끝나버리는 게 아니다.

1993년 7월 4일 한겨레 신문에 '어린이책 전문 서점 확산'이라는 제목의 기사가 실린 적이 있다. 1990년 말부터 하나둘 생겨나기 시작한 어린이책 전문 서점이 전국에 10여 곳이 넘는다는 내용이다. 동네서점 하나 없던 시절에 어린이책만을 전문으로 다루며 어린이들의 건강한 책문화를 만들어가겠다는 이들의 실천력 있는 노력이었다. 그 후 어린이책 전문 서점은 전국에 100여 곳이 넘을 정도로 성황을 이루었다.

그러나 10년 후, 무크지 〈북페뎀〉 1호(한국출판마케팅연구소, 2002)에는 '벼랑 끝에 몰린 어린이책 전문 서점'이라는 기획기사가 실렸다. 의욕적으로 문을 열었던 수십 곳의 서점이 문을 닫거나 운영난에 허덕인다는 내용이다. 그로부터 또 십여 년이 지난 지금, 전국에 어린이책과 문화를 만들어가는 전문 서점은 몇 개나 될까? 손가락으로 꼽아볼 수 있을 만큼만 살아남았다. 하지만 분명한 것은 그때 그 사람이든, 혹은 그때 그 시절을 기억하던 다른 사람이든 누군가는 여전히 어린이책 전문 서점을 운영하며 명맥을 이어가고 있다는 점이다. 수십 곳에 달하는 어린이책 전문 서점은 위기에 몰려 폐업했을지 몰라도 그 자양분이 이어져 오늘날 전국에 100곳에 달하는 어린이책 전문 도서관이 생기고 2000년대 한국 그림책의 르네상스가 있었다는 사실이다.

비록 문을 연 지 6개월, 혹은 1년, 혹은 2년……. 짧은 시간의 바람 같은 일이라 하더라도 그들의 이야기를 들어보는 일이 매우 유의미한 까닭이 여기 있다. 의미 없는 문화 실험은 없다. 우후죽순 게릴라들이 혹은 굶어 죽고 밟혀 죽는다 할지라도 결국엔 혁명의 전사로 이름을 남기는 법이니까. 너무 장렬한가?

공간은 사람을 닮는다. 한 발짝 들어서면 꿈꾸고 채우고 지켜가는 사람의
목소리가 들리는 듯 말을 거는 공간이 있다. 작은 책방의 단골들은 단지
책을 사기 위해 책방을 찾는 것이 아니다. 문을 여는 순간 훅 온몸을
감싸는 책 특유의 냄새처럼 책방을 가득 채우고 있는 사람의 향기가 있다.
살아 있는 공간에는 언제나 좋은 책방지기가 있다.

서점, 그곳은
작은 혁명가들의 집

"우리는 모두 자기 사는 지점에서 각자
열심히들 살고 있다고 하지만 저는
그것만으로는 안 된다고 봅니다. 나의
영역에서 나의 삶만 살지 말고 그런
이들이 함께 연대할 때 새로운 움직임이
가능하다고 생각해요. 인디고 서원은
연대할 줄 아는 청년들을 키워내는 게
목표입니다. 투사가 될 수밖에 없는
세상이라면 혁명의 전사로 살고 싶은 게
우리들의 바람입니다."

60

메일을 열자 반가운 편지가 와 있다. 벌써 쉰여섯 번째 받는 편지.

다시, 봄입니다. 봄이 오는 것이 사계절 중에서 가장 반갑게, 또 가장 뚜렷하게 느껴지는 이유는 아마도 차가운 바람에 한껏 움츠렸던 몸을 활짝 펼 수 있기 때문일 것입니다. 새싹이 돋아나고 꽃이 피어나는 것처럼 희망을 노래하게 되는 계절. 그런데 이번 <인디고잉>에는 조금 어울리지 않아 보이기도 하는 '가난'에 대한 이야기를 담았습니다.
우리 사회의 가난은 물질적 결핍이 아니라, 인간다운 삶에 대한 윤리적 기준이 너무나 낮은 수준에 머물러 있는 것에서 비롯됩니다. 저는 가난에 대한 책임을 외면하지 않는 사회가 올 때, 봄이 왔구나, 비로소 움츠렸던 몸을 펼 것 같습니다. 우리에게 봄은 아직 오지 않았습니다. 그러나 봄은 기필코 올 것입니다. 그 믿음만이 이 봄에 제가 유일하게 가질 수 있는 희망입니다. 봄은, 기필코 오고야 말 것입니다.('쉰여섯 번째 인디고 러브레터', 2015. 4.)

다른 사람들처럼 나 역시 많은 곳으로부터 메일을 받는다. 그 중엔 업무 관련한 것으로 꼭 필요한 메일도 있지만, 어떤 날엔 받은편지함 전체가 이런저런 광고 메일이거나 단체들의 알림으로 빼곡할 때도 있다. 광고 메일이야 삭제하면 그만이지만 건강한 시민활동을 하고 있는 여러 단체들로부터 들어오는 메일은 그저 휴지통에 버릴 수가 없다. 온갖 행사며 활동에 참여를 권유하는 메일부터, 집회와 시위 소식, 서명이나 모금 같은 각종 후원요청에 이르기까지 하나하나의 사연이 어찌 보면 절박하지 않은 게 없는 소식들이다. 그렇더라도 이 모든 내용이 모두 맘 속에 들어오는 건 아니다.

 그 많은 단체 알림의 홍수 속에, 언제나 반짝반짝 빛나는 편지가 하나 있다. 아무리 바쁠 때에라도 처음부터 끝까지 찬찬하게 읽어 내려가게 되는 글, 매번 그렇다고 하면 조금 과장이겠지만 대부분의 경우 어쩜 내 맘을 콕 집어낸 듯한, 가끔 한 번씩은 가슴을 베이는 것처럼 서늘한 글. 그럴 때면 한동안 모니터를 응시하고 문장 한 줄 한 줄을 되새겨 보기도 한다. 이쯤 되면 '러브 레터'라는 표현이 그리 과한 것도 아니리라. 바로 위에서 인용한 〈인디고잉(Indigo+ing)〉 편집자가 보내오는 편지다.

 〈인디고잉〉은 청년들의 잡지다. 취재 기획부터 잡지 디자인까지 모든 부분을 중고생과 대학생으로 구성된 기자단이 맡고 있

다. 독서와 토론을 통해 쌓인 고민과 생각들을 청소년의 시각에서 진술하게 담아내는데 내용이 결코 만만하지 않은 인문학 주제와 그 변주의 한마당이다. 2006년에 창간해 격월로 출판하다 지금은 계간이 된 이 잡지는 내가 관여하던 도서관들의 기본 장서 목록을 짤 때마다 빼놓지 않고 정기구독을 권했던 잡지고, 아이가 다녔던 학교 도서관에도 소중히 꽂아준 책이다.

비록 나이는 나보다 한참 어린 청년들이지만, 부끄럽게도 기성세대가 되어버린 나를 흔들어 깨우는 이들 청춘의 목소리가 모여 있는 곳이 바로 부산의 인문학 서점인 '인디고 서원'이다. 2004년 문을 열어 10년을 훌쩍 넘긴 이 서점은 출발 자체가 혁명이었다. 그들 자신이 창조의 열정으로 아름다운 세상을 꿈꾸는 작은 혁명가들이라고 스스로 선포하고, 서점을 혁명의 공간으로 만들었기 때문이다.

> **청소년은 어떤 권력과 이익에 얽매이지 않는 정직한 생각을 할 수 있는 유일한 세대입니다. 청소년들이 인문학을 통해 서로의 생각을 나누고 배우며 소통하는 것은 더 좋은 세상을 만들기 위한 혁명의 시작이라고 생각합니다.** (인디고 청년들의 모임 '정세청세' 중에서)

시작은 13평 작은 책방이었다. 학원가로 유명한 부산 남천동, 각종 입시학원들 틈바구니에서 입시를 위한 참고서는 한 권도 취급하지 않는 인문학 서점으로 문을 열었다. 그 주인공이 허아람 대표다. 어린 시절 책 속에서 우주를 만났던 소녀가 어른이 되어 보니 '책 읽던 아이들은 다 어디로 가고 이 땅의 청소년들은 무한 경쟁 속에 내던져져서 마음과 정신과 영혼의 성장은 돌보지 못한 채 온전한 꿈을 꾸지도 못한 채 혼돈의 시간을 헤매고' 있었다. 소녀의 꿈을 잃지 않았던 이 어른아이는 꿈꾸는 청소년들을 길러보겠다 마음먹었다.

'가난하고 소외된 지역에는 눈길 한 번 주지 않는 거대하고 오만한 서울의 문화인들에게 인디고 서원의 이름으로 초대장을 보내 정말 만나고 싶은 아름다운 이들을 모실 것'이라 했다. '인디고 서원이 뽑은 전 세계 위대한 선생님들을 서울도 아닌 부산, 이 작은 공간으로 모셔와 어떻게 꿈을 이루었는지 생생한 목소리를 들을 수 있는 어렵고도 하염없는 꿈을 꿀 것'이라 했다.('인디고 서원을 열며', 허아람, 2004. 8.)

골목 안 작은 서점, 청년이 된 소녀의 꿈을 누가 주목했을까. 그러나 꿈은 곧 현실이 되었다. 대개의 청소년들이 입시에 찌들어 주입식 사고에 매달려 있고 책 한 권 제대로 읽지 않는 시대에 인디고 서원에서는 청소년들이 직접 고른 책을 읽고, 만나고 싶은 저자를 초청해 석학들과 결코 밀리지 않는 토론을 이어 나갔다. 진중권, 한홍구, 박원순, 도정일, 성석제 등 인문학의 대가와 작가들이 서울에서부터 멀리 부산까지, 대규모 강연장도 아닌 13평 작은 공간, 청소년들을 위해 기꺼이 시간을 내주었다.

인디고 청년들은 세계 여섯 개 대륙의 대표 지성인들을 만나 대화하고 토론하는 인디고 프로젝트를 수행하기도 했고 이를 통해 노엄 촘스키, 하워드 진, 지젝 등 시대의 석학들을 끌어당겼다.

인디고 서원은 서점이라는 곳이 이토록 매력적인 공간임을 아마도 우리 청소년들에게 처음으로 알려준 곳일 게다. 어쩌면 다

64

65

행스럽게도 서울 아닌 부산이라는 지역에서 태동해, 모든 길이 반드시 서울로만 통하지는 않는다는 걸, 지역에서도 혁명은 가능하다는 걸 보여주었기에 더욱 뜻깊은 시작이었다고 생각한다.

그러나 내가 주목하는 건 빨강 머리 앤을 사랑하던 한 소녀가 어떻게 꿈을 꾸고, 그 꿈을 이뤄가는지, 그 꿈의 여정에 어떻게 사람들을, 세상을 품었는지에 대한 이야기다. 꿈은 실천하는 이에 의해 역사가 되는 법이니까.

> 우리는 모두 자기 사는 지점에서 각자 열심히들 살고 있다고 하지만 저는 그것만으로는 안 된다고 봅니다. 나의 영역에서 나의 삶만 살지 말고 그런 이들이 함께 연대할 때 새로운 움직임이 가능하다고 생각해요. 우리 사회에 지식인, 교양인, 작가, 전문가가 이렇게도 많은데 모두 파편처럼 흩어져 있어서 그들의 목소리가 허공에 흩뿌려지고 마는 것 같아요. 이걸 하나로 모아낼 힘을 갖고 싶어요. 이걸 모아내지 못하는, 그래서 바꿔내지 못하는 무기력을 비판하고 싶습니다. 인디고 서원은 연대할 줄 아는 청년들을 키워내는 게 목표입니다. 연대해서 함께 싸울 줄 아는 사람들 말이죠. 투사가 될 수밖에 없는 세상이라면 혁명의 전사로 살고 싶은 게 우리들의 목표입니다.

혁명의 전사를 키워내고 싶었던 허아람 대표의 인디고 서원은 지금, 13평 작은 책방에서 벗어나 초록 지붕과 앤의 다락방을 가진 4층짜리 큰 서점이 되었다. 이곳을 방문한 우리들은 탄성소리와 함께 공간을 탐험했다. 지하에는 공연이 가능한 소극장이 있

66

고, 건물은 미로처럼 계단을 타고 흐른다. 부러 동선을 불편하게 짠 기다란 회랑과 복도에는 바람에 따라 달라지는 햇살의 그림자가 서가와 책등을 타고 흐른다. 공간에 구현하고 싶었던 소녀의 꿈과 낭만이 어떤 것이었는지 마치 내 안의 나를 보는 것처럼 알 수 있을 것만 같았다.

그러나 안타깝게도 공간은 소녀의 마음에 상처를 남겼다. 그 자체가 예술인 건물, 그러나 지금 조금씩 비가 샌다. 엄청난 돈을 들였어도 설계와 시공 사이에 해답은 없고, 아름다운 초록 건물은 청년들의 시름으로 남았다. 허아람 대표와 우리는 마주앉아 대한민국 건축의 허와 실을 한탄하며 이야기했다.

초록 지붕 집의 소녀 아람샘(허아람 대표)은 지난 10년, 혁명과도 같았던 인디고 서원의 이런 놀라운 성과에도 불구하고 여전히 월말이면 끊을 수 없는 은행과의 관계 사이에서 속앓이를 하고 있단다. 늘 약자의 편에 서서 진정한 지식인으로서의 역할을

67

다했던 역사학자 하워드 진으로부터도 상찬을 받은 아름다운 서점, 그러나 책은 그리 많이 팔리지 않는다. 전국에서 사람들이 명성을 듣고 찾아오지만 그들이 머무는 30여 분, 서점 안은 카메라 찰칵이는 소리만 가득하고 독자를 그리워하는 책들의 기다림은 선택으로 이어지지 않는다. 이 스마트한 소비자들에게 서점이란 책의 실체를 확인하는 곳일 뿐, 구매의 장은 온라인이기 때문이다. 효율과 정보가 지배하는 세상에서 가격비교, '최저가'의 명패가 붙지 않은 어리석은 구매는 용납하지 않는 것이다.

아, 그러므로 아름다운 서점이란 이제 사진으로 남기고 SNS에 기록하는 관광의 명소, '핫 스팟'일 뿐 책을 고르고 책을 사는 곳이 아니다. 이런 괴리감이라니!

물론 인디고 서원은 인문학 강좌를 비롯한 청년들의 열정 가득한 활동으로 여전히 굳건하게 자리를 지키고 있다. 마치 넘치지도 않지만 떨어지지도 않는 성경 속 여인의 기름 단지처럼 묘하게 대차대조를 맞추어가며 인디고 유스 북페어도 열고, 동네 자연 밥상인 에코토피아도 이끌어가고 있다. 책이 팔리지 않아도 뿌리 깊은 서점은 바람에 흔들리지 않는다. 이런 사실은 우리들에게 묘한 안도감을 주기도 하지만, 아쉬움은 남는다.

서점이 반드시 책을 사고파는 것만으로 유지될 필요는 없을지도 모르지만, 그래도 우리들에겐 꿈이 있기 때문이다. 서점에서 책이 팔리는 꿈, 책을 팔아 밥을 먹는 꿈, 책이 곧 밥이 되는 그런 꿈 말이다.

"서원을 열고 중요한 순간마다 돌이켜보면 책이 그때그때 나의 길을
열어주고 있었습니다. 늘 공부를 하면서도 마음 한 구석 채워지지
않는 허기가 있었는데 지난겨울 <나무를 심은 사람>을 읽으면서
마침내 내 갈급함에 응답을 얻은 기분이었지요. 이것이 해답이구나.
그래, 나무를 심자."(길담서원)

서울 종로
길담서원

지금 이 자리에서 우리,
나무를 심는 사람이 되자

서울 종로
책방이음
&갤러리

길담서원 대표인 박성준 선생님을 처음으로 뵙던 날. 가는 비 내리던 쓸쓸한 창가, 야윈 어깨에 성마른 얼굴로 천천히 조금씩 그러나 긴 시간 동안 말을 잇던 그분의 창백한 얼굴, 메마른 목소리보다 더 힘겹던 대화의 내용들, 이런 것들이 내 기억에 오래 남았다.

우리가 장난처럼 깨작깨작 시골 마을 오두막에서 서점이란 걸 열고, 의외로 많은 사람들을 만나고, 의외로 또 많은 책들을 팔면서 조금은 신나고 조금은 으쓱해하던 때다. 박성준 선생님과 한자리에 앉아 이 시대의 책과 공간을 논한다는 게 매우 기뻐 흥분하며 들어선 자리, 2014년 가을 용인 느티나무도서관이었다.

길담서원이란 곳이 어떤 곳인가. 세상 사람 모두 '부자되세요'를 외치며 천박하게 살아가는 것 같아도 서울 시내 한복판에 인문학 정신을 지키는 이들이 꼿꼿하게 살아남아 있다고, 그러니 너무 비관하지도 말고 절망하지도 말라며, 오직 책을 읽어 자신을 지키고 세상을 지키자고 울돌목에 돛대 높게 올린 열두 척의 배가 아니던가. 적어도 내게 길담은 그런 곳이었다.

그날 선생님은 어째서 68세라는 나이에 인문 책공간을 열고, 어떤 이들과 무슨 꿈을 꾸고 있는지 나직나직 많은 말씀을 들려주었다. 책공간을 만들고 운영하는 여러 사람들이 모인 자리였으나 박성준 선생님의 말씀이 가장 마음에 남았다. 여운은 참으로 길었고, 그때부터 길담은 늘 내 마음 속에 있었다.

작은 책방에 대한 글을 쓴다고 했을 때 우선 길담의 이야기를 앞에 놓고 싶었다. 선생님께 들었던 인생과 공부 이야기를 독자들 모두에게 들려주면 좋겠다 싶었다. 대기가 몹시 불안정하던 초여름의 한낮, 우리 부부는 길담서원에서 다시 박성준 선생님과 마주 앉았다. 2008년 처음 길담서원의 문을 열고 6년 동안 사람들과 만났던 종로구 통인동 155번지를 그분은 '통인동 옛 시절'이라 불렀다. 무엇을 할 수 있을까, 많은 것을 실험하던 시절이고 희망과 함께 절망이 교차하던 시절이다. 서울 시내의 새 명소로 떠오르는 '서촌' 지역에서 2년마다 임대를 갱신해야 했던 어려움이 스트레스로 남았다. 과연 이 공간을 오래 유지할 수 있겠는가 싶어 몸도 마음도 아팠을 때 길담을 찾아준 벗들이 희망의 목소리가 되어주었다. 그들의 지지와 격려, 십시일반 모아 전해온 도움의 손길 속에 서원지기 소년이라 불리던 선생님은 힘을 내었고 길담은 기적을 만들어냈다. 통인동보다 훨씬 더 큰 60여 평 새 공간을 마련한 것이다.

2014년 새 공간으로 옮기면서 새로운 희망의 이야기를 펼쳐내는 지금의 서원을 길담 식구들은 통인동 옛 시절과 구분하여 '옥인동 새 시대'라 명명했다. 본인 스스로 어찌 보면 말장난처럼 느껴질 수도 있겠다 전제하지만 출발선과 목표 지점을 명확히 하고, 우리가 가야할 길을 정해나가는 일이란 얼마나 중요한가.

옥인동 시대의 길담서원은 제2기를 맞아 새롭게 소생하고 있었다. 무엇보다 박성준 선생님의 변화가 컸다. 이 공간이 나 개인의 것이 아니라는 사실, 길담에 모여든 사람들이 저마다 자기 자리에서 주인공으로 성장해 어느덧 자신은 묵직하게 뒤를 받치는 조연이 되었다는 사실이 매우 기쁘다고 했다. 하나의 공간이 만들어지고 난 후, 머물러 있지 않고 그곳에 모여든 사람들이 주인 노릇을 하게 되었을 때 비로소 공간이 완성된다는 아름다운 사

실을 깨달았다.

"돌이켜 보면 서원을 만들고 나서 주요한 고비마다 책이 그때 그때 나의 길을 열어주고 있었습니다."

통인동 시절, 어려움에 빠졌을 때는 일본의 철학자 사사키 아타루의 〈잘라라, 기도하는 그 손을〉 읽고 기운을 차렸다. 다시 일어선 선생님 옆에는 길담을 사랑하는 많은 이들이 있었고 그들이 발 벗고 나서 '모금놀이'를 펼쳐준 덕분에 지금의 옥인동 시대를 열 수 있었다.

지난겨울에는 장 지오노의 〈나무를 심은 사람〉을 프랑스 원어로 새롭게 읽었다. 프레데릭 백이 만든 애니메이션을 함께 보면

서 선생님은 오랜 시간 허기졌던 갈급함에 응답을 얻은 기분이었다. 공부를 하면서, 서원을 운영하면서 언제나 마음 한편에 채워지지 않는 허기가 있었는데 가슴 속이 환해지면서 비로소 허기가 채워지는 듯한 느낌이었다 한다.

"복잡한 이론도, 담론도, 철학도 필요하지 않구나. 나무를 심는다는 이토록 단순한 행위, 바로 그것이 해답이구나 하는 것을 깨닫게 되었지요."

이젠 더 이상 방황하지 말자, 그리고 내가 서 있는 바로 이 자리에서 나무를 심는 사람이 되자고 생각했다. 2014년 세월호 사건, 그리고 2015년의 메르스 전염병에 대한 공포를 겪으면서 실의와 무력감에 빠져있는 한국 사람들이 해야 하는 일은 바로 내 안에 있는, 나만의 도토리 씨앗을 찾아내 그것을 심는 일임을 깨달았다는 것이다.

사람들은 누구나 자기만의 도토리를 갖고 있을 것이다. 그건 다른 이와 비교해 더 우월하거나 혹은 더 열등하거나 하는 비교 대상이 아니다. 절대적인 의미의 자기만의 도토리일 것이다. 어떤 이는 그걸 발견했을 테고, 어떤 이는 아직 가지고 있지 못하거나, 혹은 발견하지 못했을 것이다. 길담서원은 그런 이들의 가슴에 불을 질러 새로운 시대를 여는 도토리를 심도록 도와줄 것이다. 사람들과 함께 100년 후를 내다보는 도토리 심기를 시작할 것이다. 길담서원의 이 새로운 바람이 서촌의 작은 공간을 넘어서 시대를 바꾸는 큰 폭풍이 될 수도 있지 않겠는가, 선생님은 생각한다.

선생님에게는 큰 힘이 되는 조력자가 있다. 길담서원이 처음 문을 열 때부터 함께해온 이재성 학예실장이다. 그는 세월호 사건을 겪으면서 특히 학교를 바꾸고 교육을 바꿔야 한다는 걸 뼈저리게 느꼈다. 이를 위해 "손을 복원해야 한다"고 했다. 옛날 사람들은 자급자족을 통해 모든 걸 창조해내는 존재였는데 지금은 소비자로만 남아 스스로를 위해 생활에 필요한 것들을 만들어내지 못하는 수동적인 존재가 되어버렸다. 손을 복원함으로써 잃어버린 인문학을 복원할 수 있다고 그는 믿는다. 그래서 길담의 프로그램을 전시와 체험, 상호 토론과 교육이 서로 깊숙이 결합한 주체적인 것으로 만드는 데 힘을 쏟고 있다.

'서원'이라는 이름에서 알 수 있듯이 이곳은 책을 파는 '서점'이지만 공부하는 공간이다. 모두를 위한 대중적인 책보다는 우리의 인문 정신을 일깨우는 날카로운 도끼와도 같은 책들이 있는 곳이다. 이곳을 방문하는 이들이 모두 책을 사가지고 가는 건 아니다. 심지어 카페를 겸한 이 공간에 버젓이 외부에서 산 테이크아웃 음료를 들고 들어오는 이들도 있다. 나처럼 불친절하고 뻐딱한 서점 주인은, 아마도 참아내지 못할 일들이다.

그러나 길담서원은 낯선 이를 냉대하지 않는 천사들의 집이다. 사람들이 꼭 이곳에서 책을 사지 않더라도, 그저 책이 있는 서점에 들러주는 것만으로도 그들 인생에 의미가 있을 거라 믿는다. 여기서 만난 새로운 책 하나를 인터넷에서 구매하거나, 혹은 도서관에서 빌려서 읽더라도 어쨌든 책이라는 존재가 그의 삶에 불 밝혀줄 등불이 된다면 고마운 일 아니겠나, 이야기한다.

이런 평화로운 정책 때문에 길담서원은 오늘도 빠듯하게 살림을 이어간다. 그렇더라도 이 놀라운 공간이, 나날이 임대료가 폭등하는 서울 시내 한복판에서 적자를 내지 않고 숨을 쉬고, 살아 움직이고, 춤을 춘다는 사실은 예사롭지 않다.

길담서원처럼 이렇게 예사롭지 않은 모습을 보여주는 또 하나의 인문서점으로 '책방이음&갤러리'가 있다. 문화의 거리라 말하고 싶지만, 어느덧 유흥의 거리라는 이름과 다르지 않게 되어버린 대학로에 '이음아트'라는 이름으로 2005년 처음 문을 열었다. 여러 번의 운영 위기 끝에 '나와우리'라는 비영리 민간단체가 운영을 넘겨받아 책방이음으로 명맥을 잇고, 수익금을 공공의 이익을 위해 쓰는 공익서점으로 탈바꿈했다. 조진석 대표는 나와우리의 실무자로 현재는 이음을 든든히 지키는 책방지기로 일

하고 있다.

책방이음&갤러리는 국제 인권과 평화를 위해 노력하는 시민단체라는 조직의 장점을 살려 베트남의 어린이 평화 도서관 건립을 지원하고, 북한 어린이 돕기 지원사업도 하는 등 다양한 사회 활동을 활발하게 하고 있다. 나와우리 후원 회원들은 든든한 지원군이자 중요한 고객들이며, 조진석 대표는 이들과 함께 난장처럼 무너져버린 출판시장에 건강한 생태계를 복원하기 위해 서점들끼리 네트워크를 계획하고, 의미 있는 책을 펴내는 작은 출판사들과 연대하고 서로 응원한다. 이런 노력 역시 길담서원처럼 100년을 살아남아 사막과도 같은 도시에 생명의 숲을 만들고자 하는 도토리 심기의 일환일 것이다.

"캄캄한 밤길을 끝없이 걸어갈 때 힘이 되어주는 것은 튼튼한 다리도 날개도 아니고 친구의 발걸음 소리다."

발터 벤야민의 글처럼 길담서원은, 또 책방이음&갤러리는 함께하는 벗들과 오래도록 행복한 이야기를 써내려갈 것이다. 그리고 앞서간 책방지기들의 발걸음을 뒤따라가며 벗 삼는 우리 초보 책방 주인들에게 든든한 힘이 되어줄 것이라 믿는다.

함께 공부하는 인문 책방들

인디고 서원

주소 부산시 수영구 수영로
408번길 28 전화번호
051·628·2897 홈페이지
www.indigoground.net

책방이음&갤러리

주소 서울시 종로구 대학로14길
12-1 전화번호 02·766·9992
홈페이지 cafe.naver.com/
eumartbook

길담서원

주소 서울시 종로구
자하문로17길 12-9 전화번호
02·730·9949 홈페이지 cafe.
naver.com/gildam

레드북스

인문, 사회과학 서적을 다루는
서점. 커피와 차를 함께할 수
있고, 사회과학, 인문 분야에
대한 각종 토론과 모임, 강연
등이 열리고 있다.
주소 서울시 종로구
통일로 150-1 전화번호
070·4156·4600 홈페이지
www.redbooks.co.kr

이문회우 두더지책방

인문정신을 추구하는 이들이
모여 만든 인문성 아카데미
'이문회우(以文會友, 글로써
벗을 모으고 벗을 통하여 인을
바로 세운다)'가 운영하는
커뮤니티 카페 '달빛에 홀린
두더지' 공간 한편에 '두더지
책방'을 만들어 인문학 서적을
판매하고 있다. 페이스북으로
조합원을 모집한 온라인
커뮤니티답게 이곳에선
페이스북 페이지를 통해
온라인으로 책을 판매하고,
각종 인문학 강좌를 개최한다.
노자와 장자, 주역 같은 동양
고전과 지젝과 들뢰즈, 라캉
같은 서양 철학을 만나고
그들의 책이 팔려나가는
이 공간을 주목해보라.
주소 서울시 마포구 월드컵로
37 전화번호 02·325·2690
홈페이지 www.facebook.
com/2moonacademy

풀무질

주소 서울특별시 종로구
성균관로 19
전화번호 02·745·8891
홈페이지 cafe.daum.net/
poolmoojil

조지오웰의혜안

주소 전북 전주시 완산구
서학로 25
전화번호 063·288·8545

책 권하는 사람
책방지기

당신만을 위한 북큐레이션
테마가 있는 서점

책과 사랑에 빠지는 곳
특별한 책공간

오래된 책공간에서 만난 내일
지역 중견서점

모든 책방이 반드시 모든 분야의 책을 갖고 있어야 하는 것은 아니다. 한정된 공간에 자리 잡은 작은 책방은 더 엄격하게 자신만의 취향과 기준에 따라 선별한 북리스트를 가지고 있다. 이는 그 책방만의 정체성이자 존재 이유가 되기도 하고 때로는 생존법이기도 하다. 나와 맞는 좋은 책방을 찾는 것이 때론 좋은 책을 만나는 가장 빠른 지름길이 되기도 한다.

행복한 아이와
엄마들을 위해

"사람들이 책방 문 앞을 지나가면서 하는 말이
저한테 고스란히 들려요. '아, 여기 아직도 있네!',
'우리 아이 어렸을 때 여기 진짜 자주 왔었는데,
나 여기서 산 책 아직도 집에 많은데……'
어떤 분에겐 반가움, 어떤 분에겐 놀라움 혹은
안도감이겠죠. 그 말들이 들려오는 한 이 작은
서점의 문을 영영 닫아걸지 못할 것 같아요.
그리고 내 손으로 연 이 작은 책방에서 할머니가
되어 기분 좋은 은퇴를 하고 싶어요."(동원)

부산 연제
책과아이들

경기 파주
동화나라

경기 광명
동원

10년 이상 작은 도서관을 운영하면서 사람들에게 줄기차게 들었던 질문이 있다.

"왜 도서관인가요?"

엄밀하게 따지면 사서도 아닌 사람이(나는 문헌정보학과 출신이 아니다), 사재를 털어서, 당연히도 공공의 일이어야 할 '도서관'을 왜 운영하는지 도무지 알 수가 없다는 말이다. 아마도 이 질문에 대한 답을 수백 번은 반복했겠지만 그럼에도 이 글을 쓰며 다시 기억을 떠올려본다. 2001년에 나는 도대체 무엇 때문에 도서관에 꽂혔을까?

사실, 그때 내게 중요한 건 도서관이 아니었다. 나의 꿈은 책이 가득한 공간에 대한 환상이었다. 마치 헨젤과 그레텔을 미혹시킨 과자로 만든 집처럼 책으로 지은 집이 있었으면 싶었다. 그 공간에서 밥을 먹고, 잠을 자고, 사랑을 하고, 아이도 키우고 싶었더랬다. 그런데 우리나라 어디를 가도 내게 밥과 잠과 사랑과 육아를 허락하는 책공간은 없었다.

미혼 시절 부모로부터 독립해서 살아보질 못해 나만의 공간이 없었고 결혼을 하고 나서는 단칸방 신세였다. 아기를 낳고 살았던 13평 주공아파트는 보행기와 아기 침대, 아기 욕조로 가득해 책을 들일 틈이 없었다. 공간에 대한 욕망으로 그득하던 젊은 맞벌이 부부가 드디어 넓은 집으로 이사했을 때 가장 먼저 한 일은 거실 벽면 전체를 책꽂이로 도배한 일이다. 공방을 찾아다니고 심혈을 기울여 책꽂이를 주문 제작해 여기저기 흩어져 있던 청춘의 기억과 책을 채워 놓았다. 그러나 우리 부부 청춘의 흔적들은 곧 박스에 곱게 싸여 다락방에 처박히고, 공들인 책장은 그림책으로 채워지기 시작했다.

온 우주가 아이를 중심으로 돌기 시작한 것이다. 아이를 위해 책을 사주려고 보니, 그렇게 책을 좋아하던 나도 어린이책에 대해선 아는 게 없다는 사실을 깨달았다. 한 질에 수십만 원이 넘고 심지어는 백만 원씩 하는 전집출판의 세계에 놀랐다. 비싼 값에도 책은 도무지 내 맘에 들지 않았다. 그러다 공공도서관을 찾았다. 깜짝 놀랐다. 책은 낡고, 그림은 조악하고, 편집은 열악한 옛날 동화책들이 서가를 메우고 있었다. 내가 어릴 적 보던 책들이 여전히 도서관 서가를 장악하고 있는데, 그런 풍경은 유년기에 대한 향수가 아니라 변하지 않은 세상에 대한 절망을 불러왔다. 어른이 된 나는 핸드백은 명품이 아니어도 가방 안에 든 책의 수준만큼은 뒤떨어지지 않는다며 고급 취미를 자랑해왔는데 내 아이에게 골라줄 수 있는 책이 이토록 저급하다는 사실을 믿을 수가 없었다.

도서관에 실망한 내가 간 곳이 서점이었다. 모두 새 책을 살 수는 없으니 대형서점과 중고서점을 들락거리며 깨끗하고 예쁜 책들을 사 모았다. 초기엔 어린이책의 좋고 나쁨을 선별할 줄 몰라 대개 표지와 디자인, 편집과 그림 위주로 책을 골랐던 것 같다. 그러나 아들아이는 기대만큼 책을 많이 보지 않는 동네 개구쟁이로 자랐고, 정작 흥미롭게 책을 본 건 엄마인 나였다. 사들인 책들로 거실 서가가 빽빽해지자 아들의 친구들을 불러 모았다. 아이가 책보다 친구를 좋아하니 아예 친구들을 모아놓고 같이 책을 읽어주었다. 글도 잘 쓰는 아이가 되었으면 해서 억지로 앉혀놓고 동네 아이들과 원고지에 글쓰기도 시켜보았다. 그게 어린이도서관의 시작이었다.

왜 서점이 아니고 도서관이었을까? 서점은 말도 안 된다고 생각했기 때문이다. 1990년대 번성하던 어린이서점이 이미 쇠락하기 시작하는 2000년대였고, 서점은 가계 파탄의 지름길이며, 무엇보다 내가 그토록 사랑하는 책을 팔아 돈을 번다는 게 당시에는 책에 대한 애정을 배신하는 것처럼 느껴지기도 했었다. 내게 책은 꿈을 꾸게 하는 환상이지, 밥을 주는 현실이 아니었다. 내게 책은 상품이 아니라 이데올로기였고, 영리가 아니라 공공재였다. 그러므로 책은 곧 도서관이어야 했는데 당시 공공도서관은 숫자도 부족했고, 어린이 서비스는 개념조차 희박했다. 어린이문학을 성인문학의 하수처럼 여겼고, 도서관에서도 사서들은 어린이 자료실을 한직처럼 여기는 분위기가 있었다.

그때, 어린이들의 책과 문화가 중요하다고 생각했던 이들이 지역 곳곳에서 사립으로 작은 도서관을 열었다. 아이를 홀로 키우지 않고 마을에서 함께 키우고 싶어 했던 사람들이 작은 도서관에 모여들었다. 학원을 보내기보다 함께 책을 읽히고, 미술관과 박물관에 체험학습을 다니고, 자연 속으로 나들이를 보내고 싶어 하는 이들이었다.

그 움직임들이 모여 2000년대, 우리 어린이책 문화가 활짝 꽃피었다고 생각한다. 지난 10여 년 세월 동안 전국에 어린이도서관이 생겨나고 작은 도서관이 활성화되었으며 어린이를 위한 책과 문화예술이 융성해진 건 이런 독서 공동체를 꿈꾸었던 학부모와 시민들의 노력이 있었기 때문이다. 지금은 이러한 최절정기를 지나 어린이책 시장이 많이 위축되었다. 시설과 프로그램은 화려해졌는데 정작 그 현장에 아이들의 발길은 줄어가고 있는 아쉬운 시절이다.

내가 일산에서 어린이도서관을 시작하는 계기이자, 고양시 어린이와 학부모들에게 큰 힘이 되어주었던 곳이 있다. 바로 어린이책 전문 서점 '동화나라'다. 어린이서점이 줄을 잇듯 문을 열던 1996년, 일산에 문을 연 동화나라는 지역 어린이 문화 운동의 매개자 역할을 톡톡히 해냈다.

이곳은 분명히 책을 파는 서점이었지만 아이들이 도서관처럼 자유롭게 책을 골라 읽었고, 엄마들은 아이들에게 책을 읽어주었고, 다양한 문화 활동을 진행했다. 엄마들은 가능한 이 서점에서 책을 사려고 했고, 서점이 위기에 처했을 때는 후원 모임을 만들어 서점을 지켜내기도 했다. 그러나 이 모든 노력에도 서점은 인구 백만의 신도시 일산에서 문을 닫을 수밖에 없었고, 2007년 예술마을 헤이리로 옮겨 새 둥지를 틀었다. 문화예술인의 마을 헤이리에서도 서점을 유지하기는 쉽지 않아 운영자인 정병규 선생님 부부는 여전히 은행과 친밀한 사이로 지내는 것으로 알고 있다. 책은 잘 팔리지 않지만 정병규 선생님은 지금도 여전히 파주출판도시와 헤이리를 오가며 어린이 문화 운동의 최일선에서 일하고 있다.

어린이서점이 전국에 100곳이 넘을 정도로 호황이던 시기에는 서점 대표들이 모임도 갖고 연대활동도 했었다고 그는 회고한다. 그러나 2005년부터 2006년 사이에 어린이책 서점이 우르

르 무너지면서 80퍼센트 이상이 궤멸했고 살아남은 서점은 지금 껏 '각자도생'으로 혹독한 겨울을 보내고 있다.

"최근, 작은 서점들이 활발해졌어요. 어린이책 전문 서점들도 적극적으로 생존을 위한 변화를 모색해야 한다고 생각해요. 정 부의 제도적 지원도 중요하지만 그게 본질일 수는 없고요. 서점 들이 각자 개성을 살려 자기만의 생존방식을 만들어가고 한 발 더 나아가 서점들끼리 네트워크를 통해 흐름을 주도해가는 것도 중요하다고 봅니다."

동화나라는 지금 어린이책 기획전시로 독자들을 불러 모으고 있다. 동네서점으로 향하지 않는 독자들에게 서점에 가야만 체 험할 수 있는 특별한 기획들을 내놓고 있는 것이다. 그 중 보림출 판사와 협업한 '팝업북 전시'는 종이책의 아름다움을 통해 독자 들에게 책에 대한 꿈과 환상을 선사하는 계기가 되었고 전시와 연계한 책의 매출도 늘어났다. 미래 전망은 여전히 안개 속이지 만 그럼에도 30년 가까운 역사를 이어온 어린이책 전문 서점의 저력이 서서히 살아나길 기대해본다.

어린이책 전문 서점의 역사를 이야기하자면 1990년 문을 연 '초방'이 그 시작이다. 공공도서관이 부족했고, 어린이와 엄마들 이 마음 놓고 드나들 수 있는 놀이터 같은 책공간이 없던 때였다. 어린이책과 문화만 정면으로 다루는 전문 서점의 등장은 많은 화제를 불러왔고 그 이후 여러 곳에서 어린이책 서점들이 문을 열었다. 규모는 작지만 동네 사랑방처럼 편안한 어린이책 서점 에서 다양한 책문화 프로그램을 통해 어린이책 문화 활동의 새로운 기폭제가 되었다.

경기도 광명시에 있는 어린이책 전문 서점 '동원'도 그 중 하나였다. 정의신 대표는 어느 날 우연히 여성잡지에서 초방책방에 대한 기사를 읽었고 그날로 서점을 찾아갔다. 이게 바로 내가 하고 싶었던 일이라는 생각이 들어 몹시 가슴이 설렜다는 그는 1993년 서점 문을 열고 1996년 철산동으로 자리를 옮겨 지금까지 같은 자리에서 서점을 운영하고 있다.

20여 년 세월이 한결같을 수는 없으니 희로애락이 있었을 테고, 오르막과 내리막 또한 교차했을 터다. 꽃피는 봄이 있었다면 수확의 가을도 있었을 테고, 모든 것이 얼어붙은 겨울 추위도 경험했을 것이다.

정의신 대표의 기억에 의하면 1997년에서 2002년쯤까지 그는 '호황'을 경험했다. 작은 서점에 하루종일 사람들이 북적거렸다. 어린이책은 불티나게 팔렸고 어린이책을 읽는 어른 모임을 통해 엄마들이 함께 성장하던 시기였다.

이때를 대표하는 책이 바로 1996년 출간된 그림책 '강아지똥'(권정생 글·정승각 그림, 길벗어린이)이다. 누구 하나 돌아보는 이 없이 더럽다고 피해가는 강아지똥. 가장 소외되고 버림받은 존재인 강아지똥을 더없이 아름답게 살려낸 권정생 선생님의 이 작품은 1990년대 어린이책 문화를 들여다보게 만드는 거울인지도 모른다.

이전까지 어린이들에겐 마땅한 문화가 없었다. 어린이를 위한 질 높은 책도 많지 않았다. 해외 고전명작을 번역한 전집, 그것도 제대로 원작을 번역한 것이 아니라 일본에서 출판된 책을 졸속으로 번역하거나 짜깁기한 책들이 많았다. 이런 책들이 수십 권씩 한데 묶여 방문판매로 유통되었고 우리나라 작가들의 제대로 된 창작물은 보기 힘들었다.

그러나 1990년대 어린이책 전문 서점의 등장과 함께 한국의 어린이책 출판은 발전을 거듭했다. 어린이책 출간 종수가 눈에 띄게 늘어났고 출판사들의 경쟁도 치열했다. 동시에 우후죽순 발간되는 어린이책을 비평하고 감시하는 어른들이 생겨났다. 내 아이에게 권해줄 만한 좋은 책을 찾아내고 이를 함께 읽고 주변에 알리는 일을 시작했고 출판사와 서점, 독자는 균형 있는 발전을 해나갔다.

그러나 동원을 예로 들자면 2003년쯤부터 매출이 하락하기

시작했다. 해마다 매출이 조금씩 줄더니 2008년쯤에는 정확히 4분의 1 수준으로 매출이 떨어졌다고 했다. 긴 겨울의 시작이었다. 혹한을 견디지 못한 많은 서점들이 문을 닫았고, 그 겨울은 지금도 이어지고 있다. 정의신 대표는 조용히 제자리를 지키면서 그저 숨만 쉬며 이 겨울을 견디고 있다고 했다.

겨울만 벌써 7년째. 그는 왜 여태껏 이 기나긴 겨울을 견디어내고 있는 것일까?

"사람들이 책방 문 앞을 지나가면서 하는 말이 저한테 고스란히 들려요. '아, 여기 아직도 있네', '우리 아이 어렸을 때 여기 진짜 자주 왔었는데', '나 여기서 산 책 아직도 집에 많은데……' 어떤 분에겐 반가움이겠고 어떤 분에겐 놀라움이겠죠. 또 어떤 이들에겐 안도감 같은 걸지도 모르겠어요. 그 말들이 들려오는 한 이 작은 서점의 문을 영영 닫아걸지 못할 것 같아요. 처음 목표는 20년이었는데, 지금은 30년까지 버텨볼까 이런 생각을 해요. 내 손으로 연 이 작은 책방에서 할머니가 되어 기분 좋은 은퇴를 하고 싶다는 생각도요."

어쩌면 이곳은 겨울왕국. 모든 것이 얼어붙은 눈과 얼음의 계곡에서 언젠가 봄이 올 것이라는 희망의 끈을 놓지 않고 때를 기다리는 이곳, 이 사람이 대단하다.

　부산 연제구에도 20년 세월, 이렇게 자신들의 길을 걸어온 이들이 있다. 전국에 어린이서점이 활황이던 1990년대 후반 작은 책공간을 만들어 아이들, 지역 엄마들과 책문화 활동을 해온 '책과아이들' 강정아, 김영수 부부가 그들이다. 20년 가까운 세월 동안 백여 곳에 달하던 어린이책 전문 서점이 전국 20여 곳으로 줄어들었지만 책과아이들은 13평 작은 공간에서 마당이 있는 집으로 확장했으니 여기엔 또 무슨 신기의 비법이 있었던 걸까?

　서점에 들어서면 탄성이 절로 나온다. 작은 마당에는 대를 이어 이 집에 살았던 이들의 삶을 지켜보았을 커다란 동백나무가 아름드리 그늘을 드리우고 있다. 드나드는 아이들의 흙놀이터, 소꿉놀이터가 되어주는 마당엔 자연스레 풀꽃들이 자리를 잡고 있고, 이 정원을 한눈에 조망하는 가장 좋은 1층 터가 '구름빵'이라는 이름의 책 사랑방, 쉼터다. 책을 사지 않아도, 책을 읽지 않아도 오가는 사람들의 휴식처가 되어주는 이 아름다운 공간에 운영자 부부의 넉넉한 마음이 고스란히 드러나 있다. 속 좁은 우리는 결코 수용하지 못하고 있는 모든 이들에게 열린 공간

말이다.

영유아부터 중학생까지 어린이와 청소년들을 위한 추천도서가 가득한 1층이 서점 공간, 2층에는 각종 그림책 모임과 인문학 강좌가 열리는 모임방들이 있고, 3층에선 주인장 부부가 네 자녀와 함께 생활하고 5층에는 갤러리를 마련했다.

공간을 방문하는 많은 이들이 부부에게 말한다.

"아, 우리도 이런 공간을 꿈꿨는데…… 꿈을 이루셨네요!"

그러기까지 지난 세월 종종거려온 이들의 삶의 내용이 어떠한 것이었는지는 이들 부부만 알 것이지만 책과 아이들을 사랑하고 지켜온 그 오랜 내공과 에너지에 감탄한다.

대단하다, 책과 함께 산다는 것. 책을 읽고, 꿈을 꾸고, 그 꿈을 이루며 살아간다는 것.

어린이와 청소년, 그리고 어른들에게 추천하는 책들

동원

엠마 웬디 케셀만 글·바버러 쿠니 그림
/ 느림보출판사

미스럼피우스 바버러 쿠니
/ 시공주니어

휘파람을 불어요 에즈라 잭 키츠
/ 시공주니어

기적의 시간 로버트 맥클로스키
/ 문학과지성사

주소 경기도 광명시
오리로854번길 21 신명빌딩
102호
전화번호 02·2625·9686

책과아이들

프레드릭 레오 리오니 / 시공주니어
엄마의 런닝구 한국글쓰기연구회 /
보리
어머니 사시는 그 나라에는
권정생 / 지식산업사
너는 닥스 선생님이 싫으냐?
하이타니 겐지로 / 비룡소
핵 폭발 뒤 최후의 아이들
구드룬 파우제방 / 보물창고

주소 부산시 연제구
교대로길16번길 20
전화번호 051·506·1448
홈페이지 cafe.daum.net/
bookandkid

아이와 부모의 꿈이 자라는 어린이책 전문 서점

서당

1999년 문을 열고
지역 어린이들과 책읽기,
문화 나누기 등 다양한
활동을 펼쳤다.
주소 충청북도 청주시 상당구
사직대로361번길 77-2
전화번호 043·255·4539

개똥이네 놀이터

서울 성미산마을에 자리
잡은 동네책방으로 아이와
부모가 함께 책 읽는 문화를
만들어가는 문화공간이다.
주소 서울시 마포구
성미산로3나길 16 전화번호
02·338·0478 홈페이지 cafe.
naver.com/dongneabook

상상하는 삐삐

아이들 눈높이에 맞는 책을
골라 전시하고 판매하는 것은
물론, 글쓰기 수업과 다양한
문화 활동, 부모들의 독서 모임
등이 열리는 동네 사랑방이자
복합문화공간의 역할을 하고
있다.
주소 서울시 중랑구 중랑천로
117 정광빌딩 전화번호
02·491·0516 홈페이지 blog.
daum.net/kalman99

동화나라

주소 경기도 파주시 탄현면
헤이리마을길 93-20
전화번호 031·942·1956

곰곰이

주소 부산광역시 해운대구
좌동순환로 173번길
영풍프라자 303호
전화번호 051·702·0016
홈페이지 www.gomgomi.com

그림책NORi

주소 경기도 성남시 분당구
발이봉남로39번길 1
전화번호 010·4283·8440
홈페이지 cafe.naver.com/
picturebooknori

금산지구별그림책마을

주소 충남 금산군 진산면
장대울길 52
전화번호 041·753·6577
홈페이지 grimbook.net

그림책여행센터 이담

원주 시민을 위한
문화공간으로 그림책을
볼 수 있는 열린 서재와 전시,
프로그램을 운영한다.
주소 강원도 원주시 단구로 170
전화번호 033·765·9114
홈페이지 blog.naver.com/
wonju_edam

95

서울 마포
땡스북스

서울 마포
북바이북

"책을 매개로 술과 사람이 만나는 도심 속의
따뜻한 공간이 되었으면 했어요. 짧은 기간
잠깐 흥미를 끌었다 사라지는 그런 곳이
아니라 매일 이용해도 지루하지 않은, 1년이
지나고 5년이 지나도 지겹지 않은, 매일
밥 먹는 것처럼 그 자리에 있어서 함께하고
싶은 책방이 되었으면 합니다."(북바이북)

당신이 읽는 책을 알려달라,
당신이 누구인지 말해주리

아주 아주 오래 전, 멀고 먼 옛날, 매일 다른 이를 인터뷰하고 다니는 게 직업이던 내가 인터뷰 대상이 된 적이 있다. 이런저런 이야기를 나누다 기자는 내게 한 달에 책을 몇 권이나 읽는지 물었다. 그 자리에 앉아 즉석에서 계산을 해보았다. 하루 한 권은 기본이었고, 가끔은 업무 때문에 몇 권을 몰아서 읽는 때도 있어서 대략 30~40권 가량 될 거라 답을 했다. 기사가 나가고 전화를 많이 받았다. 해당 매체 기자들 사이에서 설왕설래가 많았다고도 했다. 백수도 아니고 매달 열 꼭지가 넘는 기사들을 써내며 전쟁 같은 마감을 치르는 사람이 이렇게 많은 책을 읽는 게 가능한가, 잘난 체 하느라 거짓말한 게 아닌가. 아마 지금처럼 SNS가 있던 시절이라면 무한 악플에 시달렸을지도 모르겠다.

하지만 워낙 새로운 것에 대한 호기심이 많고 활자중독인 데다 잡지 기자라는 직업 자체가 세상 돌아가는 일에 민감해야 하니 책을 손에서 놓은 적이 거의 없다. 게다가 인문학이나 사회과학 같은 어려운 책보다는 소설과 에세이를 주로 읽었기 때문에 가능했던 숫자일 것이다. 베스트셀러는 궁금해서라도 다 읽어야 했고, 써야 하는 기사와 관련한 주제의 책은 일로써 읽어야 했다. 정독은 별로 없었고 다독으로 가득했던 시절이다.

그로부터 한참 지나 도서관을 열고 나니, 나의 속독과 다독 능력은 더욱 빛을 발했다. 정기적으로 책을 수서해야 하는데 일단, 우리 도서관에는 내가 읽지 않은 책은 서가에 꽂지 않았다. 아이들과 부모님에게 책을 추천해야 하는데 내용도 모르면서 골라줄 수는 없었다.

초기에는 어린이책 경험과 지식이 부족했기에 더 그랬던 것 같다. 어린이도서연구회처럼 권위 있는 단체의 추천도서에 많이 의지했지만 내가 알지도 못하는 책을 무조건 추천하기는 싫었다. 관장이라는 사람이 책을 잘 모른다는 인상을 주는 것도 싫었다. 그래서 반드시 내가 먼저 읽어보고 권했다. 도서관 회원 수가 늘어나고, 신간도서 구매가 늘어나고, 여기저기에서 기증도 많이 들어오면서 읽어야 할 양은 더 많아졌다. 사무실에 책들이 쌓였고, 신간이 들어온 후 도서관에 내놓기까지 오랜 시간 책을 껴안고 있을 수도 없었다. 정말 열심히 책을 읽었다. 천만다행이었던 것은 어린이도서관이었던 탓에 그림책과 동화책 일색이었으므로 분량이 짧고 금방 읽을 수 있었다는 점이다. 이때 인터뷰를 했다면, 한 달에 40권이 아니라 하루에 40권도 읽는다고 대답했을 터다.

도서관을 위해 읽어내야 할 책의 양이 많아지니 상대적으로 내가 진짜 좋아하고 읽고 싶던 책들을 읽지 못한다는 아쉬움이 있었다. 시간도 없었고, 그런 책을 구입하지도 못했기 때문이다. 도서구입비는 한정되어 있고, 그 도서구입비라는 게 거의 우리의 사재를 털어 마련하는 정도니 나 혼자 좋자고 어른책을 구입하기가 어려웠다. 도서관 회원들에게 필요한 책을 한 권이라도 더 사야 했다. 이때 정말 좋은 그림책과 동화책, 청소년소설을 많이 만났지만 텍스트에 대한 나의 갈증은 계속 남아있었던 것 같다.
시골로 이사하기 위해 도서관 문을 닫고 쉬면서 순전히 나 자신의 즐거움을 위한 책 구입과 독서를 시작했다. 도서관 운영비 걱정을 할 일이 없으니 생활에 여유가 생겼고, 그 여유만큼 무지

막지한 책 구매가 이어졌다. 묻어두었던 어른책에 대한 갈증이 여름 장마를 맞은 양 흠뻑 해갈이 되었다.

그 책들이 지금 숲속작은책방의 풀씨가 되어주었다. 서점을 열려면 무엇보다도 책이 있어야 한다. 아무 것도 없는 상태에서 서가를 채우려면 도서 구매를 위한 초기 자본금이 많이 필요했을 거다. 그러나 우리에겐 책이 있었다. 대부분의 책은 구입해서 나 혼자, 혹은 우리 부부 단 두 명이 읽었을 뿐 아무런 손때도 타지 않은 새 책 그대로의 상태 아닌가. 물론 그렇다고 해도 '새 책'인 건 아니니 약간의 할인을 해주었다. 우리의 시작은 자연스레 중고책방이었다. 그러나 헌책방을 하고 싶진 않았다.

헌책방의 가치는 대체로 고서적이나 희귀본, 초판본, 절판본 등 구하기 힘든 책들을 수집하고 판매하는 데 있다. 그러나 그런 쪽으로는 별로 관심을 가져본 적이 없다. 우리가 원하는 책방은 그보다는 좀 더 적극적인 책의 순환과 판매였다. 사람들에게 꼭 권하고 싶은 책, 널리 읽혔으면 좋겠는 책, 작은 출판사의 좋은 책이지만 마케팅 기회가 없어 독자들의 선택을 받지 못한 책, 이런 책을 적극 추천하고 팔고 싶었다. 묻혔던 좋은 책이 빛을 보고, 그로써 좋은 저자들이 계속 책을 써낼 수 있고, 심지 굳은 작은 출판사들이 버텨나갈 수 있는 그런 책 시장의 선순환을 꿈꾸었다. 우리 책방은 형식적으로는 신간서적을 다루는 서점이면서 한편에 중고책도 같이 판매하는 겸업의 형태가 되었다. 새 책인가, 헌책인가의 구분보다는 책의 내용을 더 중요하게 판단하고 있고 헌책이라도 우리가 정말 좋아하는 책은 할인을 조금밖에

하지 않는다.

서점을 열고 1년쯤 지나니 우리의 특징도, 한계도 어느 정도 드러났다. 한편으로는 우리들이 좋아하는 책으로 가득한 서가가 우리 서점의 개성일 수 있겠다는 생각이 든다. 그러나 우리가 모든 책을 다 알고 있는 것도 아니고, 우리가 좋아하는 책이 꼭 모두에게 어울리는 책도 아니지 않는가 라는 의문을 품게 되었다.

동네서점들의 고민도 아마 비슷할 것이다. 내가 좋아하는 책만 놓을 것인가, 아니면 대중이 선택할 가능성이 높은 책을 놓을 것인가. 그리고 내가 알기에 지금 생겨나는 대부분의 동네서점들은 전자 쪽이다. 서점 주인들은 저마다 자기가 좋아하고 소개하고 싶은 책 중심으로 책을 고르고 그것을 원하는 독자들이 그 서점을 찾아가는 형태다. 그러하기에 동네서점은 그 뚜렷한 색깔만큼이나 확장의 폭에 있어서 한계를 가질 수밖에 없는 구조다. 그 구조 안에서 서점이 살아남을 수 있을 만큼 단골 고객들을 확보할 수 있다면 더없이 좋은 일일 것이고, 그렇지 못하다면 서점은 도태될 것이다.

홍대 앞 동네서점 '땡스북스'는 이런 동네서점의 특징을 가장 명확하게 보여주는 곳이라고 할 수 있다. 2011년에 문을 열어 동네서점들 사이에선 대선배이자, 닮고 싶은 롤모델로 자리 잡은 곳이다. 글을 쓰면서 아주 조금은 비감한 생각이 들기도 한다. 이제 겨우 개점 7년 차인 서점이 롤모델이라니, 우리의 동네서점 역사란 얼마나 초라한 것인가 하는 생각 때문이다. 물론 그 이전

100

에 동네서점의 역사가 없었던 것도 아니고 지금도 각 지역에서
고군분투하는 유서 깊은 서점들이 있다. 그러나 과거의 영광을
자랑하던 곳 중에 너무나 많은 서점이, 우리들의 과거와 추억을
간직했던 너무나 많은 책공간들이 쓸쓸히도 자취를 잃어갔다.
독자를 잃고, 매출을 잃고, 기어이는 그곳을 지켜야 할 의미를 지
켜내지 못한 채 서점들은 문을 닫았다. 지역의 서점들이 지역의
사람들과 이야기를 품어내지 못한 지 오래되었다. 우리 시대의
아픈 초상이다.

땡스북스가 의미 있는 건 이 공간이, 이 서점의 성공(이라고
말할 수 있다면)이 '트렌드'를 이끌고 있기 때문이다. 이 서점은

홍대 앞을 지나는 이라면, 누구나 한번쯤 들러 가고 싶은 곳이 되었다. 더구나 홍대 앞에 기반을 둔 직장인이라면 이곳에서 책 한 권쯤, 커피 한 잔 쯤 마셔야 할 것 같은 분위기를 형성하고 있다. 땡스북스는 이런 공간을 운영해보고 싶어하던 사람들의 마음에 불을 질렀고, 실제 작은 서점 여러 곳이 용기백배해 문을 열었다.

'퇴근길 직장인들이 가볍게 들를 수 있는' 회사 근처 참새방앗간을 꿈꾸었다는 이기섭 대표는 우리 부부의 전작 〈유럽의 아날로그 책공간〉 디자인 디렉션을 맡았던 이다. 그가 홍대 앞에 서점을 열었다고 해서 처음 발을 들였을 때 나는 나도 모르게 아하, 웃고 말았다. 서점이 주인과 똑같은 모습을 하고 있었기 때문이었다.

나중에 서점이 유명해지고 사람들이 그 주인장에 대해 궁금해할 때면 나는 늘 이렇게 이야기하곤 했다. 땡스북스에 들어섰을 때 당신이 느꼈던 첫인상, 바로 그게 그 사람이라고.

"당신이 사는 집을 보여 달라, 당신이 누구인지 말해주겠다."
누군가의 이 경구를 나는 진심으로 믿는다. 또한 나는 다음과 같은 경구도 믿는다.
"당신이 읽는 책을 보여달라, 당신이 누구인지 말해주겠다."
땡스북스는 홍대 앞 20~30대 직장인, 특히 홍대 앞 거리에 많이 포진해 있는 출판, 광고, 기획, 디자인, 문화예술계 전문인들이 사랑하는 서점이다. 디자이너인 책방 주인은 철저하게 자신의 감각으로 책들을 고른다. 이곳에 있는 책 중 편집이나 디자인이 허튼 것은 찾아보기 힘들다. 하나같이 독특하고 세련되고 창의적이다. 홍대 앞에서 일하는 도시남녀라면 이 정도는 들고 다녀야지, 라고 말하는 것만 같은 세련된 장정의 책들과 고급 문구류들이 실제로 그들 도시남녀를 이 공간으로 불러들이고 있다.

연초에 숲속작은책방에 앞으로 어떤 책을 셀렉션 할 것인가를 고민하면서 조금은 남의 이야기에도 귀 기울이는 책방이 되어보자고 생각했다. 한없이 우리만의 편견으로 책을 고르기보다는 다른 이들의 편견도 더러 섞어보자 싶었다. 그래서 주변 지인들을 활용해 다양한 추천도서 목록을 받았다. 그 가운데 이기섭 대표도 있었다. 그는 자신이 좋아하는 책을 추천하기보다는 지난 2년 동안 땡스북스에서 가장 많이 사랑받았던 스테디셀러 30선 목록을 주겠다고 했다.

목록을 보고 좀 놀랐다. 30권 중에 내가 알고 있거나 읽었던 책이 채 10권이 되지 않았기 때문이다. 나머지는 제목도, 저자도 처음 들어본 책들이 많았다. 물론 독립출판물이 아니고, 모두 정규 출판사에서 상업 출간한 책들이었는데 말이다. 그만큼 땡스북스의 책은 선명한 개성을 갖고 있었고, 그 특성으로 인해 외로이 죽어가는 게 아니라 바로 그걸 원하고 찾고 있던 독자들과 조우하는 데도 성공했다.

내가 성공했다고 이야기하는 건, 무엇보다 땡스북스에서는 책이 팔리기 때문이다. 작은 카페를 겸하고 있어서 낮에도 사람들이 없는 건 아니지만 이곳이 활기를 띠기 시작하는 건 단연 저녁 6시 이후다. 주인장이 바랐던 것처럼 퇴근길 직장인들이 참새방앗간처럼 이곳을 들러 가고 있다. 친구들과의 약속 시간 그 사이에, 혹은 아무런 약속이 없어 왠지 조금은 쓸쓸하게 집을 향하는

ECM TRAVELS

새로운 음악을 만나다

폴 발레리는 이렇게 말했다. "명확함보다 더 신비로운 것은 없다." 만프레드 아이허 · ECM 설립자, 프로듀서

105

그 길 위에서 젊은 직장인들은 땡스북스의 노란 불빛에 마음을 빼앗긴다. 그저 습관처럼 들른 책방에서 책들은 하나하나 자신의 매력을 최대로 뽐내며 독자들을 유혹한다. 텍스트에 익숙지 않은 젊은이들이 접근하기 쉽도록 글과 그림이 적절하게 어우러진 크리에이티브한 책들은 적당히 고독하며, 고단하며, 쓸쓸하기도 한 젊은 직장인들에게 지갑을 열게 하고 있다.

책방 10년을 넘긴 인디고 서원도, 7~8년 이상 된 길담서원 같은 곳들도 책의 매출이 그닥 크지 않다는 점과 비교할 때 땡스북스의 도서 매출은 확실하게 의미 있는 규모다. 참 기쁜 일이다. 어쩌면 홍대 앞이라는, 유동인구 가득한 엄청난 상권이 있었기에 가능한 일일 수도 있지만, 바로 그런 점 때문에 이 기쁨 뒤에는 함정이 도사리고 있다. 갈수록 치솟아만 가는 높은 임대료라는 함정.

과연 땡스북스는 이 임대료 싸움에서 이겨 홍대 앞 동네서점이라는 지금의 위치를 확고히 자리매김할 수 있을 것인가? 책을 사랑했던 사람이라면 1990년대, 홍대 앞 놀이터 골목에 있었던 예술서점 '아티누스'를 기억할 것이다. 이곳은 미술, 사진, 건축, 공예 등 디자인과 예술 관련 전문 서적으로 가득했는데 국내에서 구하기 힘든 아름다운 외국 서적들의 전시와 판매로 우리 눈을 호강시켜주었다. 함께 있던 아트숍에선 나처럼 문구류에 정신 못 차리는 가난한 청춘들이 차마 살 수도 없고, 그냥 돌아설 수도 없는 고급 아트상품들과 문구류로 가득해서 공간 자체가 로망이었다. 그 유명한(여러 가지 의미로) 시공사에서 운영했던 곳이건만, 그럼에도 이곳은 결국 운영난을 이유로 문을 닫았고 헤이리에 새로 공간을 마련해 옮겼다.

땡스북스 역시 무시할 수 없는 임대료의 위협 앞에 서 있다. 그러나 놀랍게도 땡스북스는 우리들의 애정 어린 근심 앞에서 한층 적극적인 대응방식을 택했다. 2016년 10월, 서울 강남구 신사동에 새 서점을 추가로 오픈한 것이다. 삭막한 강남 속 직장인들의 작은 안식처인 도산공원 옆 '퀸마마마켓' 3층에 들어선 이 서점의 이름은 '파크(PARRK)'. 1층엔 찻집이 있고 2층엔 맥줏집, 3층엔 서점, 4층엔 커피숍이 있어 강남 직장인들의 발길을 끌어당기고 있다.

해외 서적을 소개하는 이태원의 서점 '포스트 포에틱스'와 땡스북스가 협업해 만든 파크는 '어른을 위한 서점'이라는 슬로건을 내걸고 있다. 각종 외서와 땡스북스가 선별한 국내서를 매우 세련되고 깔끔하게 전시하고 있어서 다시 한 번 도시형 서점의 롤 모델을 보여주고 있다. 강남 한복판에서 시작한 새로운 서점의 실험이 어떤 결과로 이어지는지 주목할 만하다.

2015년 마포구는 홍대를 새로운 책문화 예술의 거리로 조성하겠다는 청사진을 발표하고 2016년 10월 28일에 마침내 '경의선 책거리'를 개장했다. 한국출판협동조합이 위탁 운영을 맡은 책거리는 폐쇄된 기찻길을 따라 기차 모양의 서점들이 부스 형태로 자리잡았다. 어린이책, 예술책, 여행책 등 부스별로 차별화된 아이템으로 꾸며 남녀노소 전 계층이 도심 속 공원에서 책과 문화예술활동을 즐길 수 있게 했다. 이곳은 특히 외국인 관광객들이 많이 몰리는 곳으로, 어쩌면 그동안 뷰티, 성형, 패션관광으

로 이름을 알려왔던 서울 관광 명소에 책과 문화의 트렌드를 덧입힐 수 있는 좋은 계기가 될지 모른다는 기대감을 갖게 한다.

특정 대학교의 이름을 딴 홍대앞 거리. 미술대학의 영향으로 애초에는 미술의 거리로 시작했던 것이, 록카페와 클럽을 중심으로 한 음악의 거리로 변하더니, 이제 이 거리는 명실공히 책과 출판의 거리가 되어 가고 있다. 그리고 그 한가운데 땡스북스와, 땡스북스를 보고 자라난 수많은 동네 서점들이 어떤 방식으로 자신들의 이야기를 완성시켜 나갈지, 기대감을 갖고 지켜보게 된다.

땡스북스가 이렇게 차별화된 개성과 셀렉션으로 자신들의 고객을 끌어당겼다면, 이와 유사한 듯 하지만 조금 다른 지점에 서 있는 것이 상암동 '북바이북'이다. 〈술먹는 책방〉이라는 책으로 더욱 널리 알려진 이 동네서점은 초기에는 김진아, 김진양 두 자매가 각기 한 개씩 '걸어서 열 걸음' 이내의 거리에서 두 개의 서점을 운영했다. 이들은 땡스북스를 보고 서점이란 공간의 가능성과 매력에 이끌렸다고 했다. 원래 대형 포털사이트에서 콘텐츠를 다루는 일을 했기 때문인지 마케팅에 단연 강점을 보여주고 있다. SNS 등을 활용한 톡톡 튀는 프로모션은 소셜 미디어에 능한 젊은이들 사이에서 금세 화제가 되었고 책방은 젊은 직장인들의 사랑방으로 변신했다.

한동네에 1호점과 2호점, 작은 서점 두 곳을 거의 동시에 낸 것도 이색적이거니와 공간을 조금 넓힌 2호점이 치맥 아닌 '책맥'이라는 이름으로 맥주를 마시며 책을 읽을 수 있게 한 것이 화제가 되었다. SNS에서는 이곳에서 맥주 한잔하며 책 읽는 모습을 올리는 인증샷이 수시로 올라오고 있고, 이곳은 누구라도 한 번쯤 가보고 싶은 책방의 명소가 되었다.

이곳이 땡스북스와 다른 점 중 하나는 바로 책 선정이다. 땡스북스가 철저히 주인장의 안목에 의해 직접 선택한 책들의 개성이 빛나는 곳이라면 북바이북의 책들은 훨씬 대중의 기호에 맞춰져 있다. 북바이북의 김진양 대표는 이곳을 드나드는 '책 좀 아는' 고객들의 취향과 선택을 많이 반영했다고 말한다. 그래서 이곳엔 베스트셀러도 있고, 고전이나 인문학 같은 무거운 책들보다는 20~30대 젊은이들이 좋아하는 작가들의 작품이 많다. 매우 트렌디한 서가 구성이다.

땡스북스의 스테디셀러 중에는 내가 읽은 책이 별로 없고, 북바이북의 스테디셀러 중에는 내가 읽고 싶은 책이 별로 없다는 것 또한 내게는 재미있는 점이다. 땡스북스나 북바이북의 셀렉션이 나쁘다는 말이 아니다. 그들과 나는 서로 다른 별에서 살고 있는 사람들이라는 사실을 확실하게 깨달았을 뿐이다. 넓은 우주, 서로 다른 별에서 온 우리들 모두가 각자 자기 별의 빛을 냄으로써 서로가 지루하지 않기 위해서라도 이토록 다양한 동네서점들의 활약은 앞으로도 죽 이어져야 하지 않겠나.

북바이북은 2016년 초, 1호점과 2호점을 통합해 새 공간으로 이전했다. 지하는 공연과 저자와의 만남 등 각종 이벤트와 강연이 이루어지는 공간이고 1층은 카페 겸 서점이다. 적게는 50명에서 많게는 100명까지도 들어갈 수 있는 강연 공간을 확보했기 때문에 북바이북의 각종 강좌와 작가번개는 예전보다 더욱 활발해져 강연이나 모임이 없는 날이 없을 정도다. 북바이북의 가장 큰 성공 요인은 이 강좌들이 모두 유료임에도 불구하고 대부분 참가자들로 가득 찬다는 사실이다.

강연 참가비는 대개 만 원이고 커피나 맥주 등 음료 한 잔을 제공한다. 직장인들이 부담 없이 지갑을 열 수 있는 액수다. 와서 강연이 마음에 들면 책을 구매할 수도 있고, 다음 번 강연이 있을 때 좋았던 기억을 갖고 다시 찾을 수도 있다. '손에 만 원을 들고, 이 돈으로 무엇을 할까 고민할 때 북바이북을 가자'고 생각할 수 있는 독자들을 최대한 확보함으로써 안정적인 운영을 담보하겠다는 운영자의 의지가 담겨 있다.

방송사들이 모여있는 상암동에 있다는 것도 큰 장점이다. 유명 작가들의 강연은 물론이거니와 서점이 드라마 배경으로 나온다든가, 촬영차 나온 유명 배우나 가수들이 이곳에 들러 책을 사가면서 유명세를 더해주고 있다.

북바이북은 이런 활발한 활동으로 동네서점의 활성화 및 대중화에 기여한 공로를 인정받아 2016년 10월 출판문화발전 유공자상 문화체육관광부 장관상을 수상하기도 했다. 동네 서점, 이제 정말 확실히 살아나고 있는 걸까?

땡스북스

매거진B. 츠타야 JOH.

여우책 구자선 / VCR

괜찮아 명난희 / 6699press

센스의 재발견 미즈노 마나부 / 하루

글쓰기 좋은 질문 642
샌프란시스코 작가집단 그로토 / 큐리어스

보통의 존재 이석원 / 달

태도에 관하여 임경선 / 한겨레출판

꿈 프란츠 카프카 / 워크룸프레스

위로의 그림책 박재규, 조성민 /
지콜론북

디앤디파트먼트에서 배운다
나가오카 겐메이 / 에피그람

나는 작은 회사에 다닌다
김정래, 전민진 / 남해의봄날

자신을 브랜딩하는 방법
CA편집부 / 퓨처미디어

멱치나 맞지 않으면 다행이지
이지원 / 민음사

내 문장이 그렇게 이상한가요
김정선 / 유유

디자이너가 일하는 규칙 125
우노 쇼헤이 외 / 디자인하우스

빌딩숲
직장인들이
사랑하는
스테디셀러

북바이북

지적자본론 마스다 무네아키 / 민음사

젊은 기획자에게 묻다 김영미 /
남해의봄날

카피책 + 카피 키트 세트 정철,
손영삼 / 허밍버드

사피엔스 유발 하라리 / 김영사

개인주의자 선언 문유석 / 문학동네

미움받을 용기 기시미 이치로, 고가
후미타케 / 인플루엔셜

태도에 관하여 임경선 / 한겨레출판

뭐라도 되겠지 김중혁 / 마음산책

도쿄의 북카페 현광사 MOOK /
나무수

힘든 시간을 이겨내는 10가지
방법 로버트 J. 윅스 / 북노마드

주소 서울시 마포구 잔다리로
28 더갤러리 1층 전화번호
02·325·0321 홈페이지 www.
thanksbooks.com

주소 서울시 마포구
월드컵북로44길 26-2
전화번호 02·308·0831
홈페이지 bookbybook.co.kr

PARRK
주소 서울시 강남구 압구정로
46길 50번지 퀸마마마켓 3층
전화번호 070·4281·3371

경주
책방 피노키오

"책방을 시작할 때는 단순히 책을 파는 곳이라기보다는
동네사람들이 모이는 곳, 사람이 있고 이야기가 있는,
그리고 좋은 책이 있는 작지만 진짜 동네책방을 만들고
싶었어요. 미국의 경우 지역 독립서점이 경영난으로 문을
닫게 되면 지역 주민들이 십시일반 모아서 그 서점을
지켜준다는 기사를 보았습니다. 그만큼 동네 사람들에게
사랑을 받았다는 뜻이죠. 이런 이야기를 볼 때마다
정말 부럽다고 생각했어요. 작지만 오랫동안 유지되는,
동네에서 사랑받는, 그리고 지역사회에서도 제 역할을
하는 그런 책방을 하고 싶습니다."

손 안의 작은 미술관,
그림책을 사랑하는 사람들

그림책에 대한 관심이 늘어나자 이렇게 묻는 이들이 있다. "그림책도 예술이에요?" 더욱 자유로운 형식이 이 장르에 슬그머니 들어오자 이렇게 묻는 이들도 있다. "그런 것이 어린이들에게 적합한가요?" 문화가 다양한 만큼 이런 질문들에 대한 대답도 제각각이지만, 그림책을 주로 어린이 독자를 대상으로 출간한다는 사실이 그림책의 예술적 가치를 평가하는 요소로 작용해서는 안 되며 대량 생산된다는 배경 또한 그런 요소가 될 수 없다. 그림책의 아버지인 랜돌프 칼데콧조차 그런 편견에 괴로워했다. 그는 "예술가들은 내가 그저 영리한 아마추어일 뿐이라고 하더라"며 불만스러워했다. (<그림책의 모든 것>, 마틴 솔즈베리/모렉 스타일스, 시공아트)

얼마 전, 어린이책 작가와 출판사를 비롯해 그림책을 사랑하는 사람들이 '한국 그림책 진흥을 위한 청원서'라는 것을 발표하고 정책 제안을 내는 토론회를 가졌다. 이들은 '그림책이 문자예술과 시각예술을 아우르는 종합예술 장르며 그 나라의 교육 수준과 미래지향적 가치관을 알 수 있는 문화매체'라고 정의했다. 청원서에서 밝힌 것처럼 한국 그림책은 서양에 비해 수십 년이나 늦은 출발에도 불구하고 2000년대 이후 급격한 발전을 이뤄 세계 수준에 올랐다. 우리가 어린이도서관을 처음 시작했던 2002년만 해도 그림책 서가는 거의 외국 작가의 작품들로 그득했다. 우리 아이들에게 서양의 문화가 아니라 우리말과 글, 정서를 담은 한국 작가들의 좋은 그림책을 보여주고 싶었으나 외국 그림책에 더 마음이 가는 것은 어쩔 수 없었다. 그러나 지난 10여

년 어린이도서관의 증가만큼이나 우리 그림책의 발전은 놀라웠다. 정말 아름답고 아이들에게 보여주고 싶고 소장하고 싶은 좋은 작품들이 많이 나왔다. 그림책 시장이 확대되었고, 작가층도 넓어졌으며, 그림책의 원화를 전시하는 작가 초대전도 많아졌다. 무엇보다 그림책 작가를 꿈꾸는 젊은이들이 늘어난 것과 도서관에 자주 오는 어린이들 중에 장래 희망이 그림책 작가인 아이들이 생겨나는 것이 정말 기쁘다.

그러나 이런 현실과 달리 한국에서 그림책의 입지라는 건 여전히 어정쩡한 측면이 있다. 그림과 글이 어우러진 그래픽 예술 작품인 듯하지만 대량으로 인쇄하는 '책'이라는 점 때문에 예술 작품으로 인정하지 않고 도외시한다. '문학'의 세계에서는 어린이를 대상으로 한다는 점, 혹은 글보다 그림이 더 중요하게 부각된다는 점 등의 이유로 본격 문학에 끼워주기를 주저하는 듯한 느낌이다.

가장 애매한 곳은 역시 도서관이다. 문헌정보학에서는 도서관에 자료를 배치할 때 효율성과 기능성을 중요하게 생각한다. 그러나 그림책은 그 기준에서 벗어나는 속성을 갖고 있다. 기능에 따른 분류에 의하면 그림책은 문학, 비문학, 역사, 과학과 같이 하나의 장르를 이루는 것이 아니며 단지 그 형태가 다를 뿐이다. 그러므로 그림책은 보통 아동 도서로 분류하되 내용에 따라 십진분류한다.

십진분류한 그림책을 도서관에서 서가에 꽂으려고 하면 골치 아프기 짝이 없다. 그림책은 다른 단행본과 달리 크기가 들쭉날쭉한 데다 어떤 건 지나치게 크고, 어떤 건 지나치게 길어서 순서

대로 꽂기가 쉽지 않은 것이다. 그런데도 억지로 순서를 맞추자
니 때론 책이 옆으로 길게 누워 있게 되곤 한다. 단행본은 책등이
보이게 가지런히 서가에 정돈하면 깔끔하고 단정한 느낌을 주는
데 그림책을 꽂아놓으면 서가의 모습도 보기 싫게 느껴진다. 게
다가 두께가 얇기 때문에 책등이 보이도록 한결같은 방법으로
꽂아두면 오히려 제목을 읽기도 어려울 뿐더러, 뽑아서 보고 싶
은 생각이 전혀 들지 않는다.

　이런 이유들로 어린이도서관에서는 그림책을 따로 분류하고
그림책 서가를 특별히 제작하는 등 배려하는 모습을 보여주고는
있으나 어디까지나 도서관 나름의 선택일 뿐, 제도 안에서는 그
림책이 여전히 온전한 자리를 찾고 있지 못한 것이 현실이다.

게다가 그림책은 아이들만 보는 책인가? 물론 현대 그림책의 출발점은 성인과 구분하여 '아동'이라는 인격에 대한 개념이 생겨난 것과 때를 같이해, 아직 글을 읽지 못하는 어린이들의 문해교육을 위해 그림이 중심된 책을 만들기 시작한 데 있다. 그러나 시대를 거치면서 지금의 그림책은 시각예술 매체로서 어린이뿐 아니라 전 연령대로 독자를 확장해가고 있다. 엄밀히 말하면 문학이라는 장르 안에 성인문학과 아동문학이 있는 것처럼 그림책 안에 특정 연령대의 어린이만을 위한 것과 성인들을 위한 것이 따로 존재하는 것이다. 그리고 이런 그림책을 사랑하고 사서 모으는 성인 독자들이 분명히 있다.

이렇게 그림책을 사랑하는 사람들에게 행복을 느끼게 하는 공간이 '책방 피노키오'다. 이곳에선 우리가 흔히 볼 수 없는 '예술'로서의 그림책이 그득하다. 그림책 전문 서점이라고 해서 이곳을 찾는 독자들이 어린이와 학부모인 것도 아니다. 연령에 상관없이 그림책을 사랑하는 이들이 입소문을 타고 모여들고 있다. 책방 대표 이희송 씨는 원래 책과는 전연 상관없는 일을 하던 직장인이었다. 그림책이나 출판의 세계에 대해서도 알지 못했다. 직장을 그만두고 책방을 열고 싶은데 이곳에서 어떤 책을 팔까, 그는 잠시 고민했다고 한다. 그러다 그림책을 선택했다. 남녀노소, 어린이와 어른까지, 나아가선 내국인뿐 아니라 말이 통하지 않는 외국인까지 누구나 쉽고 친근하게 만날 수 있는 매체로서 그림책의 매력을 생각했기 때문이다.

이곳엔 한국 그림책도 있지만 해외 그림책의 비중이 점점 높아지고 있다. 한국에서 출판한 그림책들의 경우 굳이 피노키오

책방까지 오지 않더라도 어디서나 살 수 있는 보편적 상품이라는 게 단점이 되었다. 와서 감상만 하고는 그냥 가버리는 고객들이 많았다. 외국 그림책은 그렇지 않았다. 피노키오에서 판매하는 외국 그림책은 모두 직수입 서적이다. 이곳에 와야만 볼 수 있고 살 수 있다는 뜻이다. 작정하고 오는 고객이 많으니 책이 팔리는 게 당연하다.

그는 출판이나 유통을 전혀 알지 못했지만 인터넷을 뒤져 좋은 책을 찾아내고 그 출판사에 무작정 메일을 보내 거래를 신청했다고 한다. 무시당한 적도 많았다. 하지만 노력만큼 파트너도 확보했다. 외국 직거래선을 하나씩 늘려나갔고, 피노키오와 신뢰를 갖고 거래하는 출판사들의 수가 많아져서 지금은 제법 안정적으로 책을 공급하게 되었다고 한다.

왜 서점이었을까? 역설적이게도 서점이 사라지고 있다는 이야기는, 바로 그가 서점을 해야겠다고 결심을 하는 데 가장 큰 이유가 되었다. 서점이 살아남을 수 있다는 걸 보여주고 싶은 오기도 있었다. 그는 서점의 존재, 그리고 종이책의 힘을 믿는 사람이었다.

처음 시작할 때는 단순히 책을 파는 곳이라기보다는 동네 사람들이 모이는 곳, 사람이 있고 이야기가 있는, 그리고 좋은 책이 있는 작지만 '진짜'인 동네책방을 만들고 싶었다. 그러나 현실은 그가 이런 소망을 이루어가도록 내버려두질 않았다. 책방이 자리 잡은 연남동이라는 장소가 '핫플레이스'로 급격하게 부상하기 시작했다. 홍대 앞에서부터 시작된 무한 상권이 어느새 영역을 넓혀 연남동까지 세를 뻗쳤고, 매일 아침 관광버스가 한 무리의 중국인 관광객들을 내려놓곤 했다. 지역 주민의 삶은 사라져가고 하루가 다르게 카페와 술집, 옷가게와 액세서리점 등 상업 공간들이 생겨났다. 당연히 임대료가 천정부지로 올랐다. 오래된 시장 옆, 작은 골목에 아는 사람들만 찾아오던 조용했던 공간, 사람들과 다정한 이야기를 나누는 동네책방의 꿈은 멀어져가고 '소위 뜨고 있는 연남동이라는 곳에 위치한 그림책 파는 서점'이 되어버렸다. 그 사실이 자못 아쉬웠다.

미국에 있는 독립서점들처럼 지역의 삶과 이야기를 담는 공간, 그러다 혹시 경영난에 부닥치게 되면 지역 주민들이 십시일반 돈을 모아 그 서점을 지켜주곤 했던 사랑받는 서점의 역사를 갖고 싶은 게 그의 소망이다. 동네책방을 하고 있는 우리 모두의 소망처럼 말이다.

121

이런 소망을 담아 책방 피노키오는 지역으로 이전을 감행했다. 2016년 12월, 경주 황남동으로 이사한 것이다. 연남동과 달리 외부의 발길이 닿지 않는 조용한 주택가, 마당이 있는 오래된 작은 집이 그림책방으로 새로 태어났다.

경주에는 2016년 한 해에만 작은 책방이 몇 곳이나 연이어 문을 열었다. 한의사와 작곡가가 의기투합해 문을 연 가정식 서점 '사랑방 서재', 한옥을 리모델링한 헌책방 '오늘은 책방', 카페 한켠에 자리를 잡은 인문학 책방 '노닐다'까지.

무엇보다 또 하나의 그림책 전문 서점 '소소밀밀'의 탄생이 반갑다. 어린이책 그림을 그리는 일러스트레이터 구서보 씨가 운영하는 곳으로, 손님 없는 한적한 날이면 조용히 앉아 그림을 그리고 있는 주인장의 모습을 발견할 수 있다. 그러다 맘 내키면 책방을 방문한 손님들이 조용히 앉아 책을 읽고 있는 모습을 그려서 선물하기도 하니 혹시 이런 행운의 주인공이 될까 기대감에 부풀어 책방을 방문해볼 일이다.

최근 들려온 소식 한 가지 더. 책방 피노키오가 경주에서의 짧은 모험을 뒤로 하고, 2017년 여름 또 다시 새로운 지역에서의 기회를 모색하며 대구로 이전한다는 소식을 전했다. 공들여 터를 닦은 경주의 보금자리가 무척이나 아름다웠고, 이사를 마친 지 불과 몇 달 되지 않았기에 소식을 듣자마자 걱정과 함께 아쉬운 감정이 덜컥 들었다. 지금의 피노키오 자리는 소소밀밀이 이어받기로 했단다. 어느 곳에서 어떤 모습으로 새 터전을 꾸리든 그림책을 사랑하는 피노키오의 아름다운 꿈이 잘 지켜졌으면 좋겠다.

소소밀밀은
성긴 곳은 더욱 성기게
빽빽한 곳은 더욱 빽빽하게라는 말입니다.
느긋한 글작가 소소아줌마와
꼼꼼한 그림작가 밀밀아저씨의
그림책서점입니다.

그림책, 그것은 글자를 알지 못하는 어린이들만의 세상이 아니다. 몇 줄의 짧은 글, 그리고 그림. 혹은 이해하지 못할 외국의 언어들이지만 책의 한 페이지를 넘길 때마다 직관으로 부딪쳐오는 전율 혹은 감탄. 책의 한 페이지에서 시선을 떼지 못하고 루브르 박물관에 걸린 위대한 명화 앞에 섰을 때처럼 사로잡힌 감동. 마지막 페이지를 덮고 나면 표지로 되돌아가 처음부터 다시 시작하곤 하는 기다란 여운.

이 아름다운 그림책 세상을, 긴 인생 가운데 고작 10년을 채우지 못하고 이별해야 한다는 건 너무 슬픈 일이 아닌가. 아이가 글자를 알고, 여덟 살이 되어 초등학교에 입학만 하면 그림책은 던져버리고 두꺼운 동화책을 쥐어주는 세상의 많은 엄마들이여, 그림책이란 도서관에서 빌려 읽으면 되고 이왕 책을 사려면 오래 읽을 수 있는 두꺼운 동화책을 사야 한다고 경제성을 따지는 엄마들이여, 가족들이 모두 잠든 깊은 밤중, 혹은 홀로 일어난 이른 새벽, 식탁에 앉아 그림책 한 권 읽어보라 권하고 싶다. 맞벌이에, 살림과 육아에 찌들었던 엄마의 고단한 삶 속에 문득 희미한 등불 하나 반짝 켜지리라. 그 노란 불빛 하나가 어쩌면 당신의 삶을 구원할지도 모르니 부디 내 인생의 그림책 한 권씩 가슴에 품는 행복을 누리길 기도한다.

프레드릭

"그림책이 누구나 즐기는 새로운 예술 장르라는 사실과 그림책이 주는 행복과 아름다움을 전 세계에 전하고 싶습니다!" 도서출판 북극곰을 함께 운영하는 이순영 대표와 동화작가 이루리 씨가 만든 그림책 전문 서점. 그림책 전문가들이 고른 그림책으로 서가를 채우고, 그림책 관련한 강좌도 진행하고 있다.
주소 서울시 은평구 진흥로5길 15 대진빌딩 4층 전화번호 070·7715·1027 홈페이지 www.facebook.com/fredericbooks

그림책카페 달달한 작당

주소 서울시 마포구 양화로23길 22-7 전화번호 02·322·1933 홈페이지 www.facebook.com/sweetjakdang

사슴책방

주소 서울시 마포구 동교로46길 33, 102호 전화번호 010·3203·8092

소소밀밀

주소 경북 경주시 원지길20번길 26 전화번호 054·624·5022 홈페이지 post.naver.com/sosomilmil

그림책의 아름다움에 눈뜨게 하는 책방

베로니카 이펙트

당인리 발전소 인근에 위치한 작은 그림책방. 에디터 출신의 여자, 일러스트레이터인 남자 커플이 함께 동화책 만들기를 꿈꾸다 그림책 전문 서점을 열었다. 국내외 그림책을 골라서 공간을 채웠고, 펜 드로잉, 수채화 드로잉, 자수, 실크스크린, 간판 만들기 등의 크리에이티브 워크숍을 진행하며 사람들과 교류하고 있다.
주소 서울시 마포구 어울마당로2길 10 전화번호 02·6273·2748 홈페이지 www.veronicaeffect.com

북스토어작은정원

주소 경기도 안양시 동안구 일동로 132 전화번호 031·383·1764 홈페이지 booksgarden.kr

YELLOWL (노란부엉이)

주소 경기도 광주시 초월읍 현산로 89-17 전화번호 070·4145·9596 홈페이지 www.yellowl.net

책방 피노키오가 추천하는 눈여겨 볼 세계 그림책

어느 신비한 숲 속, 유쾌한 목욕탕(En route pour les bains!) Yana Lee / Editions KIO
돼지 이야기 유리 / 이야기꽃
Hug me Simona Ciraolo / Flying Eye Books
New Ghost Robert Hunter / Nobrow
Little Tree Katsumi Komagata / One Stroke

주소 경주시 포석로1092번길 16 홈페이지 blog.naver.com/pinokiobooks

"공간 계약기간인 2년 동안 거칠게 말하자면, 망하지
않고 무사히 버티는 것이 당장의 목표입니다.
여행책방이라는 콘셉트 아래에서 작은 공간이
할 수 있는 다양한 시도, 전시, 공연, 워크숍 등의
프로그램과 운영방식들을 유연하게 실험해본 뒤,
계약기간이 종료될 시점쯤 명확한 정체성과 방향을
정할 생각입니다."(일단멈춤)

서울 마포
짐프리

대전
도시여행자

일단 멈춰 서서
자신을 바라보라,
　　　　　여행자의 책방

스위스에서 3주 정도 머문 적이 있었다. 친구 집이 있는 인터라켄에 짐을 풀고 제네바를 오가는 생활이었다. 기차를 타고 세시간에 걸쳐 독일어를 사용하는 인터라켄과 불어를 사용하는 제네바를 오가다 보면 이곳이 같은 나라인가 싶을 때가 많았다. 모든 표지판은 공용어인 영어와 불어, 독어를 나란히 표기했지만 인터라켄에선 불어를 알아듣지 못하고 제네바 사람들은 독일어를 이해하지 못하니 다언어 국가라는 게 이런 건가 싶었다.

겨울이었다. 제네바의 하늘은 늘 흐리고 날씨는 변덕스러웠다. 환하게 해가 나다가도 갑자기 천둥번개가 치고, 비가 오나 싶으면 우박 같은 눈덩이가 떨어졌다. 맑은 날이라도 오후 3~4시면 주위가 어둑해지고, 원룸 스튜디오에서 혼자 마른밥에 김을 싸먹고 있으면 마치 체류 허가를 기다리는 불법 이민자가 된 느낌이었다. 그런 쓸쓸함이 싫어 외출을 했지만 어둠이 두려워 멀리는 나가지 못하고 저녁 때까지 숙소 근처 거리들을 배회하곤 했다. 참 좋았던 점은 내가 머물던 동네에 작은 서점이 세 개나 있었다는 사실이다. 세 곳 모두 각각의 개성을 가진 곳이어서 더 좋았다.

한 곳은 'English Bookshop'이라고 해서 영어책을 판매하는 곳. 알 수 없는 언어로 가득한 이국땅에서 영어 전문 서점은 내숨통을 틔워주는 곳이기도 했다. 공간이 아주 작은, 요즘 우리나라에 많이 생겨난 동네서점만 한 곳이었는데 이곳에 가면 대한민국이 영어권 나라 아닌가 하는 착각이 들 정도로 거의 모든 책이 내게 익숙했다. 물론 나는 영어를 잘하지도 못하고 한국어 책만 읽는 사람인데도 말이다.

또 한 곳은 'Le Rameau d'Or'라는 이름의 책방인데 주인에게 뜻을 물어보니 '황금가지'라고 했다. 대답을 듣고 '아하' 했던 까닭은 이곳이 인문학 서점이었기 때문이다. 물론 대부분 프랑스어 책이었지만 책의 표지와 편집만 보고서도 인문사회과학 서적이라는 걸 금방 알아차릴 수 있었다. 내가 좋아하는 시집들과 우리가 잘 아는 저자들의 책이 많았기 때문이다. 신기한 건 이 책방의 분위기가 '길담서원'이나 '인디고 서원'과 많이 닮아 있었다. 세상의 인문학이란 모두 같은 모습을 하고 있는 것인가, 생각했을 만큼.

"내가 읽은 책에 대해 함께 이야기를 나누는 것만큼 즐거운 일은 없다."

커다란 칠판에는 분필로 하얗게 이런 글귀가 써 있었다. 물론 이것도 불어로 써 있어서 나중에 친구의 도움을 받아 알아낸 내용이긴 하지만 말이다.

그리고 마지막으로, 숙소에서 가장 가까운 곳에 있었던 서점 하나. 이곳은 얼핏 봐서는 서점이라는 느낌을 갖기가 어려웠다. 똑같은 동네를 매일매일 산책하는 게 지루해 가게 하나하나를 자세히 살펴보던 어느 날 '아, 여기서 책도 파네' 하면서 들어갔던 곳. 이곳이 바로 여행 전문 서점이었다.

서점인 줄 알지 못했던 까닭은 밖에서 들여다보이는 진열대 부분에 여행 상품을 전시하고 있었기 때문이다. 용기를 내서 들어갔더니 꽤 넓은 공간에 서가가 가득 들어차 있었고 입구 쪽에는 커피 판매대가 있었다. 카페와 서점이 분리되지 않았고, 커피를 주문해서는 서가 사이사이에 놓인 테이블에 앉아 마실 수 있도록 했다. 그런데 테이블 공간보다 커피 카운터 공간이 훨씬 여유롭게 느껴져서 자세히 살펴보니 그곳이 바로 여행상품을 판매하는 상담 코너였다. 처음 경험하는 방식의 서점이었다. 서점과 카페와 여행사가 한데 모여 있는 여행 전문 서점.

서가는 역시 여행 책으로 가득했고, 세계 각 나라의 엽서와 세계 각지에서 보내온 여행자들의 편지, 아시아와 아프리카에서 온 기념품들, 지도와 여행자를 위한 소품들을 팔고 있었다. 참으로 인상적인 서점이었다. 동네서점들이 고전을 면치 못하고 있는 우리나라와 달리, 한동네에 여러 곳의 서점이 있으면서 또 제각각 다른 형태의 개성을 갖추고 공존하고 있다는 사실이 놀랍고 부러웠다.

여행자의 서점은 우리나라에서도 가능성 있는 분야가 아닐까 생각하고 있었는데 한국에도 새로운 여행 전문 서점들이 속속 문을 열었다. 반가웠다. 애초에 내가 생각했던 여행자의 서점에 가까운 형태는 홍대입구역 지하에 생긴 '짐프리(zimfree)'다. 홍대입구라는 곳이 워낙 젊은 여행자의 발길이 많은 곳 아닌가. 자고 나면 게스트하우스가 하나씩 생겨난다고 할 정도로 외국 배낭 여행자들에게도 인기 있는 지역. 짐프리는 이곳에 여행자들의 쉼터가 될 수 있는 공간을 생각했다고 한다.

홍대 앞을 찾는 외국인들을 위한 여행 정보와 사무 서비스, 그리고 홍대 앞 관광 상담까지 말 그대로 여행자를 위한 여행정보 센터 기능을 하고 있다. 어쩌면 여행자들에게 가장 필요할지도 모를 짐 보관 서비스는 외국 배낭여행을 해본 이들이라면 고개

를 끄덕일 만한 이곳의 특징이자 장점이다. 홍대입구역이 인천 공항철도와 연결되는 지점이라는 걸 생각하면 정말 여행자를 위한 서점이 들어서야 할 제자리를 찾았다고 여겨질 정도다.

그러나 이곳은 이렇게 관광객들을 위한 여행 서비스센터의 기능 말고도 서점의 기능을 충실히 갖추고 있다. 짐프리가 취급하는 책은 단연 여행정보서와 독립출판물이다. 독립출판물에 대한 관심도 여행에 대한 책을 독립출판으로 펴내고 싶은 생각에서 출발한 것이다. 그래서 비슷한 생각을 갖고 있는 이들을 대상으로 '나만의 여행책 만들기'라는 프로그램을 진행하고 있다.

여행책만큼 독립출판의 성격에 딱 맞는 콘텐츠도 없을지 모른다. 요즘처럼 모두가 블로거이고, 모두가 DSLR 카메라를 들고 다니며, 찍은 사진을 인터넷과 SNS로 소통하는 시대에서는 한 사람 한 사람이 모두 작가 아닌가. 이렇게 모인 결과물을 그저 온

라인에만 저장해두기에는 아쉬움이 남을 때 사람들은 자신만의 온전한 책으로 만들어보고 싶은 욕구를 갖게 된다. 책으로 만든다는 건 디지털 시대의 편리함만으로는 채울 수 없는, 여전히 그 가치가 남아 있는 소중한 경험이고 귀한 추억이기 때문이다.

여행자의 서점이라는 점에서는 비슷하지만, 느낌이 많이 다른 또 하나의 서점이 '일단멈춤'이다. 이름이 참 좋았다. 여행이라는 게 자신이 가던 길을 잠시 멈추고 서서 무언가를, 어딘가를 바라보는 지점 아닌가. 속도가 중요한 달리기 세상에서 문득 멈추어야 가능한 게 여행이 아닌가. '이 사람은 여행이 무엇인지를 아는 사람인가보다'라는 생각이 들어서 그를 만나고 싶었다. 아니나 다를까, 그에겐 잠시 멈춰본 경험이 있었다. 회사를 다니다 북아일랜드라는 낯선 나라에서 1년을 살아봤다. 그리고 돌아와 회사를 그만두고 하고 싶은 일을 해보자고 결심했다고 한다.

일단멈춤은 여행책방이지만 짐프리와 달리 여행에 관한 정보를 취급하기보다는 여행이라는 인문학적 행위에 집중한다. 여행자의 시선으로 바라본 개성 있는 독립출판물과 사진집, 에세이집 등이 서가에 단정하게 꽂혀있다. 여행과 직접 관련이 없더라도 여행 전후, 혹은 여행 중에 한 권 챙겨 가면 좋을 것 같은 인문서나 예술서, 소설 등이 함께 있다. 이 작은 공간에는 한 뼘 갤러리도 있어서 한 달에 두 팀 정도씩 꾸준히 전시도 진행한다. 앞으로는 다양한 형태의 워크숍과 문화 프로그램도 활발하게 진행해보고 싶다고 한다.

"책방이라는 이름을 달고 있는 이상 좋은 도서를 구비하는 게

133

가장 먼저라고 생각합니다. 국내도서 외에도 해외에서 발행한 여행 관련 매거진과 책을 구비하고 싶지만 경제적인 여력상 아직은 목록만 작성해두고 있는 상태예요. 국내도서 역시 마찬가지 이유로 제 목록에 들어있는 도서들을 모두 취급하지 못해 답답한 점이 있네요. 이 책들을 모두 사입할 수 있을 만큼 책방이 매출을 올리려면…… 아마도 문제 해결에 시간이 좀 걸리지 않을까요?"

그의 말대로 시간이 좀 필요했을까, 2016년 8월, 계약기간 종료와 함께 일단멈춤은 문을 닫았다. 전부터 말해왔던 대로 새로운 여행을 준비한다고 했다. 책방 문은 닫았지만, 책방 페이스북 계정은 계속 유지하며 간간히 책방지기의 여행 소식을 들려주고 있다. 작은 책방, 독립 책방들은 스스로 좋아 시작하는 경우가 많은지라 이익과 매출보다는 책과 공간에 대한 애정과 열정으로 유지되는 경우가 많다. 그래서 더 많이, 자주 생겼다가 사라지기도 한다. 지난 1년 반의 시간 동안 새로 생긴 책방들 못지 않게 또 다른 책방들의 폐업 소식도 줄을 이었다. 서울의 가가린과 책방 오후다섯시, 전주의 우주계란, 대전의 플라이북 등 짧은 시간 소중한 추억을 쌓고 돌아서는 사람도 있고, 운영의 어려움에 혹은 젠트리피케이션에 눈물을 머금고 폐업한 책방도 있다. 어떤 이유에서건 작은 공간이 사라지는 것은 아쉬움을 남기지만, 그 공간이 머무는 동안 민들레 홀씨처럼 퍼져나간 책방의 좋은 기억들이 우리 사회 곳곳에 또 다른 가능성으로 자라나기를.

대전시 대흥동에 자리하고 있는 '도시여행자'는 서점 문화공간이면서 대전을 기반으로 하는 청년문화기업이다. 2010년에 여행 프로젝트 팀으로 첫 발을 뗀 이후 여행자 카페와 여행책 서점이 같이 있는 복합문화공간으로 확대되었다. 운영자 김준태 씨는 일상에서 여행이라는 경험을 놓치고 살아가는 사람들에게 여행에 대한 영감을 주고 싶어서 이 공간을 만들게 되었다고 한다. 여행을 꿈꾸는 사람들, 떠나고 싶지만 당장 떠날 수 없는 사람들이 주로 이곳을 찾는다. 이곳에는 소규모 커뮤니티가 많이 꾸려지고 있는데 특이한 것은 한 도시를 주제로 한 소모임들이 많았다는 것. 베를린 모임, 런던 모임, 파리 모임 등 각각 그 도시를 다녀온 이들과 그 도시로 떠나고픈 이들이 함께 하면서 도시의 기억을 나누는 식이다. 굉장히 반응이 좋았다고 한다.

이곳에서 판매하는 책들도 당연히 여행에 대한 영감을 주고받을 수 있는 것들로 채워져 있다. 여행 정보서부터 가벼운 에세이를 비롯해 독립출판물들이 많은 사랑을 받고 있다. 최근에 동네 서점을 소개하는 책이며 언론 보도가 늘어나면서 '도시여행자'에는 대전뿐 아니라 타 지역 사람들이 많이 찾아오고 있다. 그 덕분인지 책 판매량도 꾸준히 늘고 있다는 기쁜 소식을 전해왔다.

전국에 개성 넘치는 책공간들이 많이 생기면서 책을 좋아하는 이들이 공간에 대한 갈망을 담아 방방곡곡 책 여행을 떠나고 있다. 들르는 공간마다 이야기꽃이 피고, 책방을 응원하는 우정의 구매 행위로 여행자의 가방은 점점 무거워지지만 책방지기들의 얼굴엔 환한 웃음꽃이 핀다. 책방마다 각기 다른 사정과 형편들이 이들 여행자에 의해 전국으로 옮겨지고, 만난 적 없어도 책방지기들이 서로를 향해 보내는 응원과 격려의 메시지가 함께 옮겨 다닌다. 꽃은 한 자리에 있어도 벌과 나비가 그 꿀과 향기를 실어 나르듯, 책과 책공간을 사랑하는 이들에 의해 작은 책방의 꽃과 열매는 더욱 풍성해질 것을 나는 기대해 본다.

짐프리

방람푸에서 여섯날 이경희
조용한 대화 정재인
장기여행자 40000km
언니네마당 언니네마당
괜찮아 명난희 / 6699press

주소 서울시 마포구 양화로 156
LG팰리스빌딩 지하2층 222호
전화번호 02·322·1816
홈페이지 www.zimfree.com

도시여행자

주소 대전시 중구
보문로260번길 17
전화번호 010·9430·2715
홈페이지 www.citytraveller.
co.kr

여행책방 사이에

주소 서울시 마포구
성미산로31길 13, 2층
전화번호 070·8630·5630
홈페이지 blog.naver.com/
saiebook

북유럽 (Book You Love)

주소 경기도 가평군
신천중앙로 136-1
전화번호 010·2399·9105

바람길

주소 서울 중랑구 망우로 332
전화번호 02·434·6449
홈페이지 www.facebook.
com/baramgilbooks

눈에 잘 띄지 않던 책들이 어느 순간 기지개를 편 듯 일어나 제 빛을
발하는 공간이 있다. 책방은 책을 수납하는 곳이 아니다. 책들에 새로이
생명을 부여하고 책과 독자의 만남을 주선하는 곳, 독자와 새로운
이야기를 써내려가게 하는 곳이다. 책공간은 이야기들이 잠드는 종착지가
아니라 그 스스로 새로운 이야기의 첫 페이지가 되어야 한다.

서울 마포
유어마인드

스스로 매체를 만드는 사람들, 낯설고 독특한 독립출판물을 만나는 곳

"지금 전국에 독립출판물 유통 서점이 많이 생겨나고 있는데 이 공간들이 서로 비슷해지는 건 경계해야 한다고 생각합니다. 독립출판물 자체가 시스템을 뛰쳐나와 제도권에서 담지 못하는 소수의 목소리를 담아내는 것인데 그런 면에서 다양한 색깔을 가진 책문화공간으로 만들어가려는 노력이 필요하지 않을까요."(더북소사이어티)

서울 종로
더북소사이어티

숲속작은책방을 찾는 단체 방문객들을 위해 우리는 '북쇼(book show)'라는 걸 한다. '쇼'라는 이름을 들으면 뭔가 화려한 볼거리와 현란한 퍼포먼스를 연상하겠지만 그런 쪽으로는 아직 재주가 부족한지라 우리의 쇼는 다소 밋밋하다. 그럼에도 방문객들이 우리의 북쇼를 기꺼이 봐주는 이유는 보통의 서점에서 구경하기 힘든 독특한 책들의 퍼레이드를 볼 수 있기 때문이다. 바로 책방 2층 서가를 가득 채운 팝업북과 독특한 형태의 아트북들. 대부분은 우리나라 서점에서 보기 힘든 것들이기도 하고, 서점에 있다 하더라도 비닐로 꽁꽁 싸여있어 속을 들여다볼 수가 없는 것들이다.

"세상에 이런 책도 있어요?"

사람들은 호기심 가득한 눈으로 때론 책이 햄버거가 되기도 하고, 앨리스가 한없이 떨어져 내리는 토끼굴이 되기도 하는 걸 지켜본다. 아예 종이 한 장 없이 소시지처럼 줄줄이 엮인 와인 코르크 책까지 종래 알고 있던 책의 형태와 내용을 완전히 깨트리고 있는 이런 책들의 퍼레이드는 사람들을 즐겁게 한다. 별다른 퍼포먼스 없이 책들의 향연만으로도 쇼는 이미 성공이다.

작은도서관을 운영하던 때부터 나는 '팝업북'과 '아트북'에 관심이 많았다. 책이라는 건 그저 평면의 종이 위에 글과 그림만 가득한 것이라는, 공고한 고정관념을 깨트려주는 책들. 페이지를 넘기면 잠자고 있던 그림들이 살아나 위로 튀어 오르고, 때론 끼익끼익 소리도 내고, 캐릭터들이 손과 발을 움직이는 이런 책들을 사랑했다. 국내 출판물은 드물고, 책값 비싼 외국에서 직접 사들고 오거나 수입 외서들이다 보니 이런 책들을 수집하느라 가산 탕진 좀 했더랬다. 그래도 혼자 보고 즐기는 게 아니라 도서관에서 많은 이들과 공유하니 이 얼마나 가치 있는 일인가 위안하며 기꺼이 지갑을 열었다.

책을 싫어하고, 온라인 게임처럼 쌍방향 커뮤니케이션이 가능한 동적인 소통 방법을 즐기는 아이들에게 이런 새로운 형태의 책들은 책에 대한 흥미를 일깨우고 상상력을 키워주는 좋은 매체가 될 거라 생각했다. 내 생각대로 아이들은 팝업북을 좋아했고, 책을 보고난 다음에는 간단한 팝업카드를 활용한 책 만들기 작업에 신나게 호응했다.

나는 도서관에서 할 수 있는 가장 좋은 독서 활동이 바로 '나만의 책 만들기'라고 생각하는 사람이다. 사실 가장 적극적인 독후 행위는 스스로 저자가 되어 책을 만드는 일이 아닌가. 어쩌면 모든 사람이 스스로도 미처 알지 못하는 내면의 나에 대해 알고 싶어 책을 읽으며, 책을 통해 살아 있는 나를 발견했을 때 그런 자신을 표현하고 싶은 욕망으로 종국에는 글을 쓰고 그림을 그리는 것이다. 그래서 독서의 완성은 나 자신이 스스로 저자가 되는 것이라 믿고 있다. 그러나 그런 자기표현을 모두 정식으로 출판할 의무는 없으며, 또한 이런 사적인 이야기들이 모두 수천 명의 대중을 향해 발표되어야 할 필요도 없다. 하지만 일기장에 혼자 기록하는 것 말고, 적어도 나를 공감해줄 몇 명의 친구들을 찾고 싶을 때, 세상을 향해 아주 작은 소리라도 내고 싶을 때, 그럴 때는 책을 만들고 소량이라도 인쇄해 주변 사람들과 책을 공유해도 좋지 않을까.

아마도 독립출판물 영역이란 바로 이런 움직임들이 모아지는 세계라 본다. 독립출판이라는 개념은 대중출판과 대립되는 지점에 서 있다. 대중출판은 시스템에 의해 움직이며 효율과 경제성을 고려한 정형화된 제도 속의 매체다. 그러나 독립출판은 이런 정형화된 시스템과 자본으로부터 독립해, 고정된 세계를 거부하는 독창성 있는 목소리를 담아내는 매체다. 그래서 형태는 독특하며, 표현 방식은 낯설고, 쏟아내는 구호는 '안티 테제 혹은 아르누보 같은 것'이라고 나는 생각해왔다.

우리나라에도 이런 독립출판의 움직임은 10여 년 전부터 조금씩 싹터 왔지만 이 낯선 매체의 등장은 많은 이들의 주목을 받기에도, 널리 퍼지기에도 이른 분위기였다. 그들의 세계는 마니아들 사이에서만 입소문으로 전해졌는데, 홍대입구에서 이런 독립출판물만을 다루는 서점이 그 중심에 있었다. '유어마인드'가 바로 그 공간이다.

© raya

처음에는 주인장들의 작업실 한쪽에 전시 코너를 마련해놓고 일반인에게 공개하는 방식으로 독립출판물 서점을 시작했던 것으로 기억한다. 다른 곳에서는 쉽게 볼 수 없는 독립출판물들을 보기 위해 일부러 서점을 찾는 이들이 많았다. 홍대입구에 공간을 열고 독립출판에 관심 있는 이들에게 자료실 겸 서점의 역할을 해온 지도 벌써 7년, 최근에 유어마인드가 정든 공간을 떠나 연희동으로 이전할 계획이라는 이야기를 전해 들었다. 이들이 꾸준히 한자리를 지켜온 시간동안 독립출판의 종류도 독립출판물을 다루는 서점도 많이 늘어났다.

몇년 사이에 곳곳에 생겨난 작은 서점들 중 상당 수가 바로 이런 독립출판물 유통 서점이라는 기치를 내걸고 있어서 독립출판이 사람들에게 확 다가선 듯한 느낌이 든다. 결정적으로 2015년 2월부터 3월까지 국립중앙도서관이 4백여 종 6백여 권의 독립출판물을 전시함으로써 이 세계를 전혀 알지 못하던 일반인들에게 새로운 접점을 만들어주었다.

독립출판에 대해 잘 알지 못하던 나도 이런 분위기 때문에 현재 우리나라 독립출판물의 지향성을 조금 알게 되었다. 그리고 그간 잘 모르지만 '안티 테제 혹은 아르누보 같은 것'이라 생각해왔던 나의 생각과는 상당히 다른 성격이라는 사실도 알게 되었다. 형태나 내용, 표현기법에서 새롭다고 할 만한 것들은 많이 없었고 담고 있는 내용도 가치 전복이라고 할 만큼 과감한 것들

을 많이 발견하지 못했다. 그보다는 오히려 개인이 강화된 요즘 시대에 다채로운 개인들의 다양한 일상과 생각들을 자유롭게 담고 있는 '사적인 책'이라는 느낌이 더 컸다. 나쁘진 않았다. 거대 출판기업이 장악하고 있는 획일화된 출판 시장에서 만나기 힘든 재기발랄한 아이디어들, 거대한 가치나 구호를 내세우기보다 닫힌 사회 속에서 개인의 고민이나 일상을 소중하게 지켜가고 싶은 작은 목소리들이 좋았다. 저작자의 대부분이 20~30대인, 젊은 그들의 재능과 이야기가 신선하기도 했다.

그러나 그것뿐이라면 아쉽기도 하다. 자본과 시스템을 거부하는 것이 아니라 그 안에 편입되지 못하기 때문에 자기만족에 그치는 수준이 독립출판이라는 이름을 달고 나온다면 뭔가 우리 사회에 의미 있는, 대안 매체로서의 기능을 하기는 어렵기 때문이다. 비록 출간 부수가 많지 않은 수작업 독립출판물이지만 독자들의 시선을 끌고, 독자들에게 영향을 미칠 수 있는 질 높은 책이 많이 만들어져야 독립출판물을 유통하는 서점들에게도 미래가 있을 것 같다. 일반 서점에서는 충족할 수 없는 욕구를 갖고 찾아간 독립출판 서점에서 다양한 독자의 욕구를 만족시켜줄 신선한 실험을 많이 만날 수 있으면 좋겠다.

청와대 근처 서촌에 자리잡은 '더북소사이어티'는 독립출판물 전문 서점이면서 독립출판물을 직접 제작하는 출판사 '미디어버스'도 운영한다. 2010년, 새로운 출판문화를 만들어가는 현장으로서 마포구 상수동에 처음 서점 문을 열었고 몇 번의 이사를 거쳐 통의동에 자리잡았다.

"2005년경부터 독립출판을 시작했는데요, 독립출판물은 하나로 이어지는 트렌드가 없는 게 트렌드라고 할 수 있겠네요. 지금 젊은 세대는 상대적인 박탈감이 심하고 경제적으로 자기 작업에 대한 토대를 마련하기도 쉽지 않은 데다 발표할 수 있는 지면도

한정되어 있습니다. 그러다 보니 스스로 매체를 만들고 운영하는 독립출판으로 눈을 많이 돌리고 있다고 생각해요."

더북소사이어티 임경용 대표는 일반인들이 생각하는 것보다 훨씬 많은 독립출판 저작물들이 만들어지고 있다고 말했다. 물론 그중에는 질이 담보되지 않은 책이 많은 것도 사실이나 전반적으로 예전에 비해 질이 높아지는 상향평준화 현상을 보이고 있단다.

지금 전국에 많은 독립출판물 서점이 생겨나고 있는데, 다만 그 공간들이 지나치게 비슷해지는 것은 서로가 경계해야 한다는 게 그의 생각이다. 독립출판물 시장조차 균질해져 버린다면 그 순간 존재 의미도 희미해질 터이다. 그를 만나고, 더북소사이어티 서점에서 프로파간다에서 펴낸 잡지 〈Graphic〉 33호를 사들고 왔다. 마침 책 한 권을 통째로 독립서점에 힐애하면서 전 세계 독립서점 운영자들 인터뷰를 담고 있어서 지금 현재 세계 트렌드를 생생하게 읽을 수 있었다.

그중 뉴욕 독립출판 시장에서도 영향력 있고 해마다 뉴욕 아트북 페스티벌을 주최하는 독립서점 '프린티드 매터(Printed Matter)'의 이야기가 꽤 인상적이다.

한 달에 백 권 넘는 입점 요청이 오는데 그중 30% 정도를 수락한다. 심사할 때 책이 팔릴 것 같은가 아닌가는 보지 않는다. 그런 것과 상관없이 흥미롭고 혁신적이며 알려져야 하는 책인가 아닌가를 심사 기준으로 삼는다 (…) 저작자가 위탁 판매를 요청하려면 최소 백 부 이상은 찍은 책이어야 하는데 백 부는

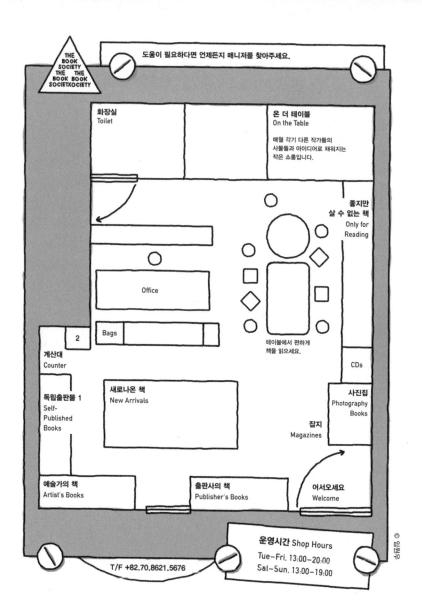

도움이 필요하다면 언제든지 매니저를 찾아주세요.

THE BOOK SOCIETY
THE THE BOOK BOOK
SOCIETXOCIETY

화장실
Toilet

온 더 테이블
On the Table

매월 각기 다른 작가들의
사물들과 아이디어로 채워지는
작은 쇼룸입니다.

좋지만
살 수 없는 책
Only for
Reading

Office

Bags

계산대
Counter

2

테이블에서 편하게
책을 읽으세요.

CDs

독립출판물 1
Self-
Published
Books

새로나온 책
New Arrivals

사진집
Photography
Books

잡지
Magazines

예술가의 책
Artist's Books

출판사의 책
Publisher's Books

어서오세요
Welcome

운영시간 Shop Hours
Tue–Fri. 13:00–20:00
Sat–Sun. 13:00–19:00

T/F +82.70.8621.5676

© 김형재

149

예술가가 책을 만들어 세상에 보급하겠다는 의지를 가지고 있음을
보여주는 숫자라고 보기 때문이다.(<Graphic> 33호)

나도 내 손으로 직접 그리고 찢어 붙이고 글씨도 써서 나만의
방식으로 독특하게 만든 책을 딱 백 부만 세상에 내놓아봤으면.
나 같은 사람 딱 백 명만, 그게 누구인지 몰라도 전국 어느 곳에
서나 같이 읽고 어느 날 어느 시간 둥근 보름달 아래 다 함께 소
리 내 읽어보는 그런 시간 한번 가져보면 좋겠다.

유어마인드

주소 서울시 서대문구
연희로11라길 10-6, 2층 우측
전화번호 070·8821·8990
홈페이지 www.your-mind.
com

더북소사이어티

주소 서울시 종로구
자하문로10길 22 전화번호
070·8621·5676 홈페이지
www.thebooksociety.org

5km북스토어

"책이 잘 팔리지 않으면 책이
잘 팔리게 하는 것이 서점이
하는 역할이라 생각합니다.
제가 서점을 운영하면서 보니
책을 그다지 좋아하지 않는
사람들도 자신에게 맞는,
그러니까 자신이 읽었을 때
흥미나 재미를 느끼는 책은
구입을 하거든요. 이런 책들은
서점이 꾸준히 손님들에게
알려야 한다고 생각해요."

주소 경기도 부천시 소사구
경인로 211-1 3층
전화번호 032·611·9636
홈페이지 5kmproject.com

더폴락

주소 대구시 중구
태평로 146-9
전화번호 010·2977·6533
홈페이지 blog.naver.com/
thepollack

샵메이커즈

"종이책에 대해 부정적인
예측을 해본 적은 한번도
없습니다. 아마도 10년,
100년이 지나도 종이책을
파는 서점은 여전히 생겨나고
유지될 것입니다."

주소 부산시 금정구
부산대학로64번길 120,
1층 전화번호 051·512·9906
홈페이지 shopmakers.kr

헬로인디북스

주소 서울시 마포구
동교로46길 33
전화번호 010·4563·7830

달팽이책방

주소 경북 포항시 남구
효자동길10번길 32
전화번호 070·7532·3316

도어북스

주소 대전시 중구 테미로 48,
1층
전화번호 042·626·6938

심다

주소 전남 순천시 역전장길 32
전화번호 070·7528·0726

전국 곳곳에서
개성을 뽐내는
독립출판 서점

"아이를 키우며 제주에서 살다보니 가장 아쉬웠던
점이 좋아하는 책을 맘껏 사볼 수 없다는 점이었어요.
외지인들이 점점 많아지는데 저처럼 도시에서 섬으로
들어와 서점을 그리워하는 이들이 있을지도 모른다는
생각에 서울 사는 친구와 함께 제주 시골 마을에 책방을
열었습니다."(소심한책방)

제주는 지금 문화 실험 중

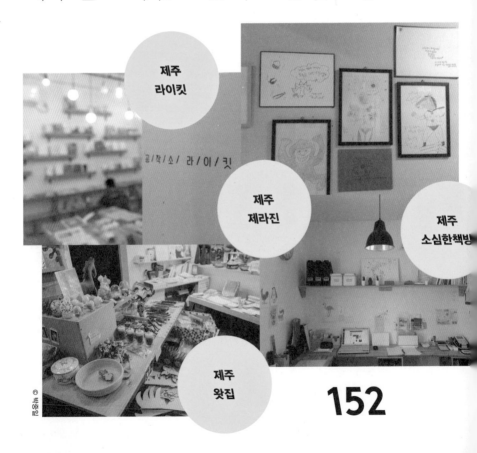

제주
라이킷

제주
제라진

제주
소심한책방

제주
왓집

나에게는 옛날 옛적 탐라인들이 보고 느꼈던 고요와 적막 그리고 평화를 다시금 고스란히 보고 느낄 수 있는 나만의 비밀 화원이 있었습니다. 나는 그곳에서 웃고 울다가 노래 부르고 춤을 추었습니다. 나는 그곳에서 홀로 환호작약하다 잠들거나 누워서 하늘을 보며 환상에 빠져들곤 했습니다. 탐라인들에게 이야기를 들려주던 바람은 내게도 수많은 이야기를 들려주었습니다. 그 재미에 빠져 틈만 나면 그곳을 뒹굴고 기어 다니며 오랜 세월을 머물렀습니다.(<김영갑 1957-2005>, 김영갑, 다빈치)

사진작가 김영갑이 웃고 울고 춤추던 비밀의 화원, 그 제주에 요즘 바람이 불고 있다. 최근 몇 년 사이 제주의 시골 마을 곳곳이 홍대 앞 거리처럼 변하고, 자연 그대로 곱디고왔던 해변이 무분별한 개발로 본연의 아름다움을 잃어가 원주민들의 상심을 자아내고 있다. 이런 상심의 밑바닥에는 이곳 제주가 우리나라 사람뿐 아니라 한때는 일본인들이, 그 뒤를 이어 최근에는 중국인들이 부동산 광풍의 주역으로 부상하고 있다는 아픈 현실이 있다. 국제도시라는 허명과, 그곳에서 삶을 살아내야 하는 일상 사이에서 지금 제주는 신음하는 중이다.

이런 가운데 우리들 눈길을 끄는 의미 있는 문화 실험과 책공간들도 함께 성장하고 있어 주목해 보았다. 가장 눈길을 끄는 것은 죽어가는 제주 원도심을 살리자는 목소리다. 제주시 원도심은 제주성안과 그 주변이던 일도1동, 삼도2동, 건입동 일대를 가리키는데 한때 정치·경제·행정의 중심지였다. 공항에서 가깝고, 제주에서 가장 큰 재래시장이 있고, 제주 민초들의 역사가 살아

있는 관덕정이 있는 거리. 이곳의 북초등학교는 개교 100년이 지났고, 한때 제주에서 가장 많은 학생 수를 자랑했던 학교다. 제주에서 이름난 인물은 모두가 이 학교 출신일 정도로 유서 깊은 곳이다. 그러나 연동, 노형동에 대규모 주택단지와 상업시설, 기업이 들어서고 학교들이 이전하면서 원도심과 떨어져 있는 신제주가 발전하기 시작했고 이곳은 힘이 빠졌다.

수백 명이 뛰놀던 넓디넓은 천연 잔디 운동장은 옛 영광을 뒤로 한 채 폐교를 염려해야 할 지경이 되었고 제주도교육청은 자율학교 운영을 통해 학교 살리기에 나섰다. 안타까운 사연들을 전해 들으며 골목을 거닐던 우리 눈에 띈 것은 주택들 사이로 흉하게 자리 잡은 쇠락한 홍등가와 발굴하다 만 황폐한 옛터였다. 신제주 개발 이전에는 이곳의 상가와 시장이 제주 경제의 중심지로 불릴 만큼 유동인구가 많았다는데 이른 저녁, 사람의 발길이 끊어진 자리엔 폐업한 빈 가게만이 을씨년스럽게 남았다.

여러 해 전, 우리 부부와 함께 유럽 책마을 여행에 동행했던 제주 토박이 친구를 제주에서 오랜만에 다시 만났다. 그는 보지 못한 사이의 안부를 주고받는 것도 미뤄둔 채 원도심 구석구석으로 우리를 몰아붙이며 이끌고 다녔다. 제주에서 태어나 한 번도 제주를 떠난 적 없는 이 토박이 섬소년에게 지금의 제주는 혼돈 그 자체다. 되살려야 할 원도심은 안타까움으로, 자본에 잠식당한 섬 곳곳은 분노로 그에게 술을 권한다.

다행스럽게도 2000년 이후로 원도심을 살리겠다는 정책이 이어졌다. 원도심 활성화를 위한 탑동 테마 관광거리 조성, 동문공

설시장과 주변 재래시장 정비, 칠성로 아케이드 쇼핑몰 정비, 탐라문화광장 조성사업 등 사람들이 찾지 않는 원도심이 처한 현실을 여러 방식으로 돌파해 보려는 노력들이 이어지고 있다고 했다.

그런 움직임 속에 우리가 찾았던 칠성로 아케이드 쇼핑몰은 깔끔하게 정비되어 있었고, 상가 중심 골목 곳곳에서 포클레인 소음과 함께 처절한 생존의 몸부림을 시작하고 있었다. 바로 그곳에 마치 홍대 앞 가게를 옮겨온 듯, 세련되고 깔끔한 모습의 독립서점이 하나 있다.

'라이킷'. 한글로만 써서는 도무지 무슨 뜻인지 알 수 없던 이 책방의 이름은 'Like it'이었다. 5년 전 홀홀히 서울을 떠나 제주로 내려온 전주 출신의 당찬 여성이 2014년 문을 연 독립출판물 작은 서점이다. 서울, 그것도 홍대 앞이나 이태원 등에서나 만날 수 있었던 다양한 독립출판물을 제주에서 만날 수 있다니 놀라웠다.

책이 좋아서, 책을 쓰고 싶어서, 혼자서도 가능한 독립출판물을 만들어보고 싶어서 이런 서점을 차리게 되었다는 안주희 씨. 특별히도 이곳에서는 제주 이야기를 다룬 독립출판물, 제주를 이야기하는 상품들을 만날 수 있다. 서점 안 숨어 있는 작은 공간에는 한 뼘 갤러리도 있어서 재주 많은 제주 작가들의 그림을 전시하고 있다.

책만 팔아서는 도무지 유지가 되기 어려운 작은 책방의 특성상, 왜 이곳에서 카페를 겸하지 않았는지 물어보았다. 그런 생각을 하지 않았을 리는 없고 많은 고민이 있었다고 했다. 만일 이

155

ⓒ 노을이

곳이 카페가 된다면 사람들이 오히려 책을 사가지 않고 차 한 잔 마시면서 공짜로 책을 보는 곳이 될 것 같았다. 아끼는 책들을 커피 한 잔 가격에 마구 망치는 모습을 목격하게 될까봐 두려웠다고 했다. 커피에 책을 끼워팔기 보다는 순수하게 책을 사고파는 기쁨만을 누리고 싶었던 주인장의 마음이 나와 같아 단박에 이해가 되었다.

우리 책방에 오는 많은 사람들이 내게 묻는다. 왜 차나 커피를 팔지 않느냐고. 그래야 조금이라도 더 이익을 남길 수 있지 않겠느냐며 걱정하는 사람들의 마음이다. 그러나 내게도 라이킷과 비슷한 마음이 있다. 사람들이 이곳에 와서 차만 마시고 책은 사가지 않을 것 같은 불안함이랄까. 내가 팔고 싶은 건 커피가 아니라 책인데, 책이 주인공인 가게를 만들고 싶은 건데 책이 조연으로 밀려날 것 같은 느낌.

그래서 우리 책방에선 책을 사는 사람들에게 공짜로 차를 준다. 물론 책을 사면 차를 준다는 원칙이 있는 건 아니다(책만 사고 차는 못 마신 사람들도 혹시 있을까봐 걱정돼서 적어본다). 다만, 책방에 들르는 손님들, 책을 사는 고객들에게 책방지기가 건네는 마음의 선물을 차로 대신하는 것이다. 언젠가 이렇게 애써 노력하지 않아도 누구나 커피보다 책을 더 원하는 세상이 된다면, 혹은 반대로 아무리 이렇게 애써도 더 이상 책이 팔리지 않는 세상이 된다면 그때 책방에서 나는 커피를 팔고 있을지 모른다. 그러니 두 가지 중 하나겠다. 내가 책방에서 커피를 판다는 건 책이 아주 잘 팔리거나, 혹은 아주 안 팔리거나.

라이킷과 그리 멀지 않은 곳에 있는 문화카페 '왓집'은 전시, 공연, 아트마켓 등의 프로그램을 운영하는 문화공간이다. 제주 토박이 여성 셋이 함께 뭉쳐 만든 이 공간에선 알아들을 수 없는 제주 말의 향연이 넘쳐났다. 카페 한쪽에는 독립출판물을 판매하는 코너를 두었다. 서점은 아니지만 제주에서 이 공간을 기억하는 이유는 이들이 제주 이야기를 스토리텔링하며 마을 만들기 프로젝트를 진행하고 있기 때문이다. 마을 사람들의 이야기를 발굴하고, 그들의 삶터를 마을 지도로 만들어 지역민 그리고 방문객들과 공유하는 일. 사실, 지역의 서점이 해야 하고 할 수 있는 일이 바로 이러한 일이 아닌가. 그 지역의 이야기를 모아내는 것, 사람들의 삶을 모아내는 것. 내가 살고 있는 삶의 터전에 의미를 부여하고 애정으로 가꾸고 그리하여 마을을 지켜내는 일. 요즘 전국에 마을 만들기가 화두인데, 마을 만들기의 한 중심에 마을 도서관, 그리고 마을 서점이 있어서 인문학적인 의미를 부여할 수 있다면 정말 좋겠다.

그림책미술관 '제라진'이 자리 잡은 곳은 제주시가 서울 인사동과 같은 문화거리를 만들겠다는 계획을 추진한 곳이다. 이곳은 원래 제주대학병원이 있었는데 외곽으로 옮겨가면서 동네가 급격히 황폐해졌다고 한다. 제주시는 인적이 끊어진 자리에 문화예술 공간을 유치하기로 했다. 건물주와 계약을 맺어 이곳에 입주를 원하는 단체나 문화예술인들에게 5년 동안 무상임대를 지원하는 정책이다. 그렇게 해서 지금 이 골목 안엔 그림책미술관을 비롯해 도자공방, 소극장, 문화카페, 예술공방들이 들어서고 있는 중이다.

그림책미술관은 그림책을 사랑하는 제주 시민들이 함께 모여 꾸린 공간이다. 그림책 작가, 어린이도서관, 어린이책을 사랑하는 이들이 힘을 합했다. 그림책 원화전시를 하고, 그림책 연구모임도 꾸리고, 어린이나 어른을 대상으로 한 그림책 문화 프로그램도 진행한다. 그 가운데 역시 의미 있게 다가온 건 제주 사람 스스로 제주 이야기들을 불러내서 만들고 있는 제주 이야기 그림책들이다. 전문 작가가 아니라 그저 제주에서 살고 있는 평범한 이들이 자신들이 만났던 제주 이야기를 풀어낸 것이다. 화려하거나 빼어나진 않지만 스스로의 목소리로, 스스로의 삶을 이야기한다는 것. 그것은 아름다운 일이다.

한편, 제주를 찾는 관광객들 사이에 은근하게 소문이 돌고 있는 곳이 바로 '소심한 책방'이다. 책방이 자리 잡은 제주시 구좌읍 자체가 한참 화제몰이 중이다. 구좌읍 일대는 원래 제주에서도 가장 가난하고 살림이 척박한 곳이었다. 얼마나 찢어지게 가난했는지 이곳에선 며느리도 데려오지 말라는 말이 있었을 정도라고 한다. 제주도 전체가 치열한 생존의 터전이었지만 그중에서도 살아남기 위해 어느 곳보다 치열하게 하루를 버텨야 했던 가난의 땅, 그러나 지금 그런 사연들은 옛말이 되어 이곳의 땅값은 하루가 다르게 뛰고 있다. 그동안 개발이 되지 않아 제주 본연의 모습이 온전히 남아있고 땅값이 싼 덕택에 외지인들이 많이 들어오면서 소문이 나기 시작한 것이다. 물론 가장 중요한 건 올레길 덕분이다. 지금 제주도의 온갖 호황은 기실 올레길이 그 근원 아니던가. 올레길 코스가 지나가는 곳마다 관광객이 들끓었고, 게스트하우스가 생겨났고, 자고 나면 한 개씩 새 가게가 문을 열었다.

그 가운데 가장 정체가 불명했던 곳이 아마 소심한 책방 아니었을까. 도시민들이 이곳 제주에 살러 와서 하려고 생각하는 일 대부분은 게스트하우스, 혹은 카페다. 그런데 책방이라니. 제주 바닷가 외진 마을에 책방이라는 건, 아마도 괴산 산골에 책방을 연 것만큼이나 생뚱맞은 일일 것이다.

　알고 보니 2011년 제주로 내려온 책방 주인이 먼저 문을 연 것은 게스트하우스였다고 한다. 배 속에 아이를 품은 채 젊은 부부가 제주에 내려와 몸을 풀었다. 아이를 키우며 살다보니 가장 아쉬웠던 점이 좋아하는 책을 맘껏 사볼 수 없다는 사실이었다. 외지인들이 점점 많아지는 가운데, 자신처럼 도시에서 섬으로 들어와 서점을 그리워하는 이들이 있을지도 모른다는 생각으로 책방을 열었다고 한다. 혼자서는 용기가 나지 않았고 서울에 사는 친구와 동업으로 시작했다.

　그리하여 서울에 있는 여자와 제주에 살고 있는 여자가 몹시도 소심하게, 만일 책이 팔리지 않으면 우리 둘이 나눠 갖자는 마음으로 책방 문을 열었다.

　내가 좋아서 책을 사고, 책을 읽고, 그 책이 너무 좋아 주위 사람들에게 책을 권하고, 그 책을 팔아 밥을 먹는다는 일. 이런 소소한 일이 우리 같은 동네 작은 책방 주인장들에겐 비길 데 없는 행복이다. 대단한 규모의 큰 투자는 아니더라도 공간을 구하고,

공간의 운영비가 필요하고, 일정한 분량의 책을 꾸준히 채워 넣어야 하고, 대형서점들처럼 외상으로 책을 받지도 않고 현금으로 책을 사오면서도, 만일 책이 팔리지 않으면 대형서점들처럼 반품을 할 수 있는 것도 아니어서 그 책들을 몽땅 껴안고 살아야 하는 을 중의 을, 아니 병, 정, 그 이하, 생태계의 맨 밑에 속해 있는 작고 힘없는 우리들.

그러나 저 멀리 국토의 최남단 바닷가에서, 인구 2천만이 넘는 서울 수도권에서, 혹은 인구 5천 명의 시골구석에서, 이런 작고 소박하지만 따스한 일상을 즐기는 이들이 있어 세상은 조금 살만한 곳이 되는 것이라 그리 믿고 싶다.

우리들의 이런 행복한 실험이 어디까지일지, 과연 언제까지일지 아직 알지 못한다. 그러나 언젠가는 주식으로 부자가 되고, 벤처로 재벌이 되고, 부동산으로 일확천금을 하였다는 그런 성공의 소식들이 점점 사람들의 관심밖으로 밀려나 뉴스 가치를 잃는 시대가 오기를 꿈꾼다.

대신 책을 읽으며 행복하게 사는 사람들, 예술을 일구며 소박하게 사는 사람들, 자연을 벗 삼아 인간답게 사는 사람들에 관한 새로운 소식들이 세상 사람들의 마음을 바람처럼 흔드는 그런 세상이 한발 가까워졌으면 하는 바람을 더 깊고 진하게 가져본다.

그대가 안개를 아느냐,
비를 아느냐,
구름을 보았느냐,
바람을 느꼈느냐,
그러니 침묵해라

김영갑 작가의 사진을 뒤흔드는 제주의 바람처럼 우리는 커다란 목소리와 광포한 선동 없이 아주 조용히 침묵하는 일상만으로 이 땅의 사람들을 흔들어 깨우기에 충분한 그런 사람이 되었으면 한다.

**제주의
책 공간들**

라이킷
주소 제주도 제주시
칠성로길 42-2, 1층 전화번호
010·3325·8796 홈페이지
www.facebook.com/
likeit.jeju

왓집
주소 제주도 제주시 중앙로5길
4 전화번호 064·755·0055
홈페이지 cafe.naver.com/
spacewhat

제라진
주소 제주도 제주시
관덕로6길 11, 2층 전화번호
064·757·2014 홈페이지
gerazine.blog.me

소심한책방
주소 제주도 제주시 구좌읍
종달동길 29-6 전화번호
070·8147·0848 홈페이지
sosimbook.com

강정마을 평화책방
강정마을을 평화로운
책마을로 만들고자 하는 지역
사람들이 뜻을 모아 만든
서점이다. 마을 사람들과 책을
나눠 읽고 아이들과 독서 토론
등 다양한 책문화 활동을 하는
마을 사랑방 같은 책방이다.
주소 제주도 서귀포시
강정동 4521-22 전화번호
070·8819·0923 홈페이지
www.facebook.com/
peacebookcafe

달빛서림
인문, 사회, 신화, 환경, 예술,
제주학에 관한 책을 다루는
서점이다. 지역의 학자들과
인문학강연을 얼고 제주
신화, 역사 등의 책을 열심히
수집하는 아카이빙 역할을
하고 있다.
주소 제주도 서귀포시
말질로161번길 1 세탁소
2층 전화번호 064·739·8150
홈페이지 www.facebook.
com/groups/
mirarmaredelaluna

책+방 서사라
주소 제주시 서사로13길 7
전화번호 010·9977·8469

라바북스
주소 서귀포시 남원읍 태위로
87, 1층
전화번호 010·4416·0444

만춘서점
주소 제주시 조천읍 함덕로 9
전화번호 064·784·6137

알로하서재
주소 제주시 한림읍 협재1길 24
전화번호 070·8860·5564

딜다책방
주소 제주시 삼성로1길 1, 1층
전화번호 064·723·4441

→

아무리 크고 훌륭한 서점이라도 내가 갈 수 없는 곳에 있는 서점은
내 삶을 온전히 흔들어 놓을 수 없다. 가까이에서 나와 같은 눈높이로
세상을 바라보고, 내 주변의 사람들과 공유할 수 있는 이야기에
귀 기울이며 책으로 소통하는, 내가 지나온 시간과 추억이 깃들어 있는
공간, 그 속에는 집 밥처럼 소박하지만 결코 무시할 수 없는 힘이 있다.
그 안에 미래가 있다.

다시, 지역이다
우리들의 삶이 계속되는 곳

충북 충주
책이있는
글터서점

전북 군산
한길문고

경남 진주
진주문고

"책을 저술하는 행위와 이를 전하는 행위가 단순히 판매만을
목적으로 하는 상업 행위에 그쳐서는 안됩니다. 책의 유통방식 또한
책의 정신을 훼손하지 않는 합당한 것이어야 할 테지요. 그런 면에서
오랜 역사를 가진 지역의 중형서점과 이제 막 시작하는 동네 작은
서점들이 횡으로, 종으로 연대해서 힘을 보탤 수 있는 시스템이
마련되었으면 합니다."(책이있는 글터서점)

괴산 시골로 내려와 헤아릴 수 없이 많은 것들을 얻었지만, 안타깝게 잃어버린 것들도 있다. 평일 아침 광화문 씨네큐브에서, 신촌 아트하우스 모모에서 나와 취향이 비슷한 서너 명의 종족들과 은밀하게 즐기던 조조영화의 달콤함. 홍대 앞 작은 가게들에서 득템의 기쁨을 누리던 개성 만점의 문구와 소품들, 숲속작은책방에 있는 건 모두 외국에서 사왔을 거라 지레 믿어버리는 이들의 뒤통수를 때리는 남대문 수입상가 나들이.

그러나 역시 서점을 하고 있는 지금, 가장 아쉬운 건 바로 광화문 교보문고의 존재감이다. 한국에서 출간된 책이라면 모두 있을 것만 같은 거대한 규모(실은 국립중앙도서관이 그런 곳이지만 가까이 하기엔 너무 멀었다), 게다가 내 눈에 가장 익숙해진 서가 구성은 내가 읽고 싶은 책을 골라내는 데 얼마나 효율적인지. 도서관 목록을 짤 때도, 최근 트렌드를 읽을 때에도 교보문고는 내게 도서관 이상의 가치를 안겨주는 곳이었다. 비록 이곳에서 탐색과 검토만 하고 구입은 온라인으로 즐기는 약삭빠른 고객이었지만 말이다. 그래도 교보문고에 들렀다 빈손으로 나오는 적은 거의 없었다. 눈에 드는 책은 그 자리에서 사야만 직성이 풀리는 책 중독자의 특징 때문이었고, 차마 맘에 드는 모든 책을 사지는 못했지만 그래도 몇 권 정도는 꼭 현장에서 샀다.

괴산에 오니 책을 탐색하는 데 온라인밖에 의지할 곳이 없었다. 불행하게도 괴산에 있는 공공도서관 한 곳은 나의 욕구를 전혀 충족시켜주지 못했고, 자동차로 한 시간 거리인 청주 영풍문고는 베스트셀러 위주의 판매방식이어서 나같이 광범하고도 독특한 취향의 독자를 만족시키기는 어려웠다. 서점을 하기로 하자 또 다른 의미로 서점이 필요해졌다. 도대체 서점은 어떤 방식으로 운영하는 건지 알아야만 했다. 인근에 도움 받을 만한 곳이 없을까 전전긍긍하던 남편은 인터넷을 뒤져서 충주에 있는 서점 한 군데를 찾아냈다.

고백하건대 서울에 살던 동안 지역서점에 대해 별로 좋은 기억을 갖고 있지 못했다. 서점이 필요하면 대형서점을 이용했고, 동네서점들은 참고서와 잡지 외에는 베스트셀러만 취급했기 때문에 거의 드나들지 않았다. 충주에 서점이 있다는 걸 알았을 때도 큰 기대는 하지 않았다. 충주보다 훨씬 큰 도시인 청주에서도 맘에 맞는 서점을 찾지 못했는데 충주에 있는 서점이라고 다를까 싶었다.

그러나 인터넷 정보에 의지해 길을 나선 그날, 우리의 이런 지레짐작을 뒤집는 지역서점 하나를 만났다. '책이있는 글터서점'. 충주시청 근처에서 벌써 20년 이상 서점을 지속하고 있는 중형서점이다. 지역에서 서점들이 하나둘씩 문을 닫을 때도 이곳은 굳건하게 자리를 지켜냈고, 마침내는 살아남아 충주를 비롯한 충청북도 지역의 대표 서점이 된 것이다.

우리의 짐작과 달리 이곳은 큰 서점이었다. 건물의 지하와 1층, 두 개 층을 매장으로 쓰고 있었고 나중에 알고 보니 위층엔 사무실과 교육 공간까지 있어서 건물 전체가 서점인 셈이기 때문이다. 서점 바로 옆에는 한살림 매장이 들어서 있는 점도 눈길을 끌었다. 우리 경험으로는 도서관과 서점을 자주 이용하는 사람들은 대개 생협 조합원과 겹치는 경우가 많다. 그래서 늘 서점

170

과 생협 매장이 동반자로 함께 있으면 서로에게 도움이 되겠다는 생각을 해왔는데 바로 그런 모델을 하고 있는 것이다.

서점에 대해 아무런 사전 지식 없이, 단지 책을 좀 안다는 이유 하나로 서점 문을 연 우리로서는 실제 서점 운영이라든지, 유통이라든지 하는 것에 대해 배워야 할 게 많았다. 대뜸 면담을 청한 우리를 이연호 사장님은 친절하게 맞아주셨고, 동네서점으로서는 가장 큰 과제인 도서 공급 문제에 해답을 주셨다. 그분을 통해 우리는 지역을 지켜낸 중형서점들에 대해 알아가기 시작했다. 우리가 전혀 관심 갖지 않았던 지역의 서점들. 처음엔 대형서점 때문에, 나중엔 온라인서점 때문에 알아갈 기회도, 이용할 틈도 없었던 사이 그들이 어떻게 하나씩 말라 죽어가고 있었는지 비로소 알게 되었다.

172

도서관이 부족하던 시절, 서점은 책과 문화의 공급자로서 의미 있는 활동들을 해왔다. 특히 서울같이 시설이며 사람이며 문화를 둘러싼 모든 담론들이 넘칠 만큼 몰려있는 곳에서는 덜했겠지만 문화예술의 기반이 척박했던 지역에서는 서점들의 역할이 컸다. 책 자체가 문화상품이다 보니 서점이라는 공간도 단순히 상업공간이기보다는 문화공간이라는 의미 부여가 있었다. 책의 저자들을 초청해 담론을 이끌어내는 역할을 했고, 지식인들이 모여들다 보니 지역의 삶과 예술을 일구는 터전이 되기도 했다. 사회가 어두웠던 시절, 지역의 서점은 민주화에 대한 갈망과 시민들의 목소리가 모여 풀뿌리 여론을 이끌어가는 시민사회의 구심점 역할을 하기도 했다.

서점에도 한때는 정말 좋았던 시절이 있었다고 한다. 100만 부를 넘기는 밀리언셀러가 해마다 터져 나오던 때, 출판사는 책을 팔아 땅을 사고 건물을 올렸다. 서점도 덩달아 땅을 사고 건물을 올렸다. 지금으로선 상상하기 어려운 그런 전설 같던 시절이 서점계에도 있었던 것이다. 그러다 몇몇 출판사가 공룡처럼 덩치를 키우며 시장을 잠식했고, 서점 역시 대한민국 최대 규모 운운하며 크기에 집착했던 대형 업체들이 전국을 장악했다. 신자유주의 시대에선 피할 수 없는 이런 규모의 경제, 크기에 대한 집착이 출판계에도 팽배했던 것이다. 대형서점이 전국 대도시에 속속 진출하면서 지역에 뿌리를 내렸던 유서 깊은 서점 중 많은 곳이 문을 닫았다.

대부분의 도시에서 대부분의 사람들은 서점이 문을 닫는 현실을 속수무책으로 지켜볼 수밖에 없었지만 시민들의 적극적인 행

173

동이 서점을 살려낸 사례들도 있다. 〈기획회의〉 374호('시민사회와 소통하는 서점의 미래', 2014. 8.)에서 소개한 군산 한길문고의 이야기는 읽는 내내 가슴이 뭉클했다. 내용을 옮겨보면 이렇다.

1983년부터 군산에서 한길문고를 운영하던 이민우 대표는 군산 시민운동의 주춧돌 역할을 하던 이다. 기사를 쓴 후배 서점인 글터서점 이연호 대표에 의하면 '그는 서점의 사회문화적 역할을 등한시하지 않으면서도 그것이 지속가능하도록 운용의 묘를 살리기 위해 애썼다. 이민우 대표는 이 경계의 지점에서 시민사회의 전폭적인 지지를 얻어내고 이를 조화롭게 유지할 수 있었던 서점인 중 하나로 기억된다. 지금도 여전히 그의 방식을 배우려는 후배들은 그를 멘토로 삼고 기대기를 서슴지 않고 있다.'

그런 한길문고가 2012년 수해로 큰 피해를 입었다. 지하 매장은 가슴 근처까지 물이 찼고 비가 그친 뒤에 빗물을 퍼내고 나니 천장까지 무너져 내리고 말았다. 7만 5천 권 이상의 책이 물에 잠겼고 이를 폐지로 처분하고 손에 쥔 돈이 고작 220만 원이었다고 한다. 그야말로 망연자실하고 있었을 그때, 기적이 일어났다. 군산 시민사회의 격려와 지원이 이어졌고 매일 2백여 명의 자원봉사자가 무너진 책장을 치우고, 서점 복구에 힘을 보탰다. 눈물을 흘리며 계좌번호를 묻는 이들이 있었다. 주변인들을 동원해 수천만 원의 펀드를 모아온 이도 있었다. 그렇게 서점이 다시 일어났다. 새롭게 문을 연 서점은 문화공간과 카페를 겸해 더 좋은 공간으로 정비하였고 저자 초청 강연이나 시민을 위한 문화활동에 더 적극 임하고 있다. 죽어가는 지역의 독립서점을 살려낸 아

름다운 이야기는 미국, 혹은 유럽에만 있지 않았다. 나라가 어려울 때면 장롱 속의 금을 내어놓았던 이들, 바다에 기름띠가 둘러졌을 때 가장 먼저 달려가 이를 걷어냈던 이들, 세월호가 침몰했을 때 만사를 전폐하고 팽목항으로 달려갔던 이들, 그리고 지금 이 시점까지 광화문 광장을 지키고 앉아있는 이들, 이 아름다운 사람들의 나라가 우리나라인 것이다.

그러니 이제, 그 힘으로 동네서점들의 전성시대도 한번 열어봄이 어떨까. 요즘 신문과 잡지를 비롯한 인터넷 포털 사이트에서 독특한 책공간을 소개하는 일이 부쩍 늘어났다. 특히 서울을 중심으로 일어나는 현상이지만 골목 안 작은 공간에서 서점을 열었다는 이야기도 늘고 있다. 이런 현상들을 두고 지역을 지켜오던 중형서점 사장님들이 '많이 반성했다'고 이야기하는 모습을 보고 조금 당황했다. 그간 출판업계가 어렵다, 서점하기가 어렵다는 말만 반복했지 실제로 독자들이 찾아올 수 있는 공간을 만들기 위해 우리들이 어떤 노력을 했는지 돌아보았다는 진솔한 고백이 서점 초년생의 가슴을 찡하게 울렸다. 너무 어려우니까, 사람들이 찾아오질 않으니까, 책이 잘 팔리지 않으니까, 새로운 것을 시도할 이유보다 당장 눈 앞의 일에 매달려야 하는 이유가 더 많으니까, 그냥 현실에 안주한 채 도서관 납품으로 현상유지만 해왔던 매너리즘을 반성하고 싶다고 하셨다.

듣고 있는 우리 부부가 민망했다. 어쩌면 종이책 전성시대에 서점 활황기를 경험했던 그분들에게 종이책이 죽어가고 있는 이런 시대의 몰락이란 또 얼마나 가슴 아픈 일일까. 과거의 영광이 다시는 돌아오지 않으리라 생각하면 현재를 움직일 동력 또한 떨어질 것이다.

그런데 그분들이 우리 같은 서점 초년생을 보면서, 새롭게 다시 한번 뭔가를 해보고 싶어진다는 이야기를 해주었을 때 뭉클했다. 아, 이렇게도 우리가 작은 힘을 보탤 수 있구나 하는 생각. 우리는 아무 것도 아니지만, 우리는 단지 작은 꿈 하나를 꾸기 위해 공간을 만들었을 뿐인데 이리도 사소한 일이 오랜 세월 한길을 걸어온 분들에게 작은 격려가 될 수도 있다고 생각하니 기쁘기도 하고 안타깝기도 했다.

그러더니 곧이어 기쁜 소식들이 들려왔다. 충주 글터서점 이연호 대표가 작은 서점 두 개를 새롭게 연 것이다. 작은 소읍인 충주 주덕읍에는 소박한 책방 하늘문고가, 청주에는 꿈꾸는 책방이 동네서점의 부활을 꿈꾸며 조용히 움직이고 있다. 책방 주인이 직접 나무를 자르고 다듬어, 정성스레 책장을 짜 넣은 이 두 서점이 지역민들의 문화 사랑방이 되기를 바란다.

우리에게 동료 서점인이 된 것을 진심으로 환영한다고 격려를 아끼지 않던 여태훈 사장님을 찾아 진주문고를 방문했다. 1986년 인문사회과학서점으로 출발해 30년 가까이 진주를 지키고 있

는 대표 지역서점이다. 여태훈 사장님은 진주 사람들의 80퍼센트 이상이 진주문고 회원증을 가지고 있음을 강조하는 것으로 지역에 굳게 뿌리박은 삶에 대한 자긍심을 내보였다.

진주문고는 또한 오래되었다는 것만으로 자랑이 될 수 없다는 걸 잘 알고 있다. 그래서 지속적으로 공간의 변화를 꾀하고 있다. 2층 벽면 전체 서가를 '내 마음의 책방'이라는 콘셉트로 새롭게 꾸미며 주제별로 책을 전시하는 큐레이션을 강화했다. 계단 통로

179

와 매대 곳곳도 평면적 구성을 탈피해 그때그때 현실을 반영한 섬세한 편집 배열을 했고, 이런 변화의 노력들이 독자들에게 다가가고 있음을 느낀다.

특히 건물 옥상에 책의 정원을 꾸며 볕 좋은 날, 서점을 찾은 사람들이 이곳에서 하늘을 보고, 바람의 소리를 느끼며 책을 읽을 수 있도록 했다. 이런 다채로운 변화들은 진주문고가 비록 지역 서점이지만, 전국에서 책을 사랑하는 독자들이 애써 시간을 내어 찾아가고 싶게 만드는 이유가 된다.

오래된 전통, 세월의 흔적이 묻어 있는 서가, 한편으론 생동감 넘치는 전시와 재기발랄한 움직임이 어우러지는 이 정다운 서점에서 나는 무엇을 보았나. 그건 결코 세련된 인테리어도, 효율적인 서가 배치도 아닌 바로 '오래된 미래'가 간직하고 있는 지역의 역사, 민중들의 삶의 흔적이었다.

서점에는 무엇보다 지역의 이야기가 살아 있었다. 서울에선 전혀 볼 수 없었던 진주의 작가들, 진주의 풍성한 이야기들이 모여 있어 지역을 스토리텔링하는 서점의 중요성을 알 수 있었다. 바로 이것이 진주에 반디앤루니스가 아니라, 영풍문고가 아니라 진주문고가 있어야 할 이유인 것이다. 그러나 안타깝게도 대다수 우리들은 지역의 이름을 잃어버렸다. 이름을 잃자 이야기도 잃었다. 이야기를 잃으면 삶은 껍데기만 남는다.

도서관과 서점은 기록을 보관함으로써 기억을 불러내고 그리하여 나아갈 미래를 견인한다. 도서관과 서점이 제자리를 잃지 않아야 하는 이유다.

180

이들 중 도서관은 지난 10여 년 시간 동안 무한 발전을 거듭 해왔다. 2002년, 한 텔레비전 방송 프로그램에서 열악한 대한민 국 공공도서관 현실을 질타했을 때 우리 공공도서관 숫자는 5백 여 곳에 불과했다. 그러나 2016년 말, 공공도서관은 1천 곳을 넘 어섰고 전국에 작은 도서관 숫자만도 6천여 곳을 헤아리고 있다. 이제 도서관이 단순히 책을 보관하고, 공부를 하기 위해서만 가 는 곳이라는 인식은 거의 사라졌다. 도서관은 지역 주민 밀착형 서비스를 통해 교육문화복지의 중심축을 담당하는 복합공간으 로서 위상을 세워가고 있다.

그러는 사이에도 지역 서점은 몰락을 거듭하고 있었다. 그러 다 최근 3~4년, 개성 있는 동네 서점들이 책문화 흐름을 끌고 나 가면서 단순히 영리공간이 아니라 사회적으로 공공성을 가진 지 역 문화공간으로서 '서점'에 대한 인식이 새롭게 제기되었다. 그 러자 지방자치단체의 인식에도 변화가 왔다. 책문화를 견인해가 는 양대 축으로서 도서관에 대응하는 서점에 대한 정책적 논의 가 시작되었고 지역서점 활성화 방안들이 제시되었다. 그 일환 으로 지역 공공도서관은 반드시 해당 지역 서점에서 도서를 구 매하도록 하는 정책이 입안되었고 서울시를 비롯한 몇 몇 지자 체에서는 '지역서점 지원 조례'를 만들거나 입안을 추진해 정책 적으로 지켜나가야 할 지역문화 아카이브로서 서점을 지원하고 협력하는 방안을 마련하기도 했다.

이런 정책적 노력은 그간 공공도서관이나 학교도서관 납품사 업, 참고서와 교과서 판매로 간신히 명맥을 유지하고 있던 지역 중형서점들에게도 자성과 혁신의 계기를 마련해주었다. 실제로 서울 불광문고, 충주 책이있는 글터서점, 진주문고, 대전 계룡문고 등 지역성을 가진 중형 서점들이 연합회를 만들어 서점계 변화와 혁신의 물꼬를 트고 있다. 이들은 '서점학교'를 개설해 서점 직원 재교육에 나서고, 온라인 서점과 차별화되는 오프라인 공간에서 능동적으로 독자들과 만나는 다양한 행사들을 만들어내고 있다. 책을 매개로 사람들이 만나는 소통과 연대가 있는 새로운 서점 문화가 만들어지고 있는 것이다.

여전히 온라인 서점과 오프라인 서점, 대형서점과 지역의 중형서점, 그리고 동네 작은 책방에 이르기까지 횡으로 종으로 풀고 맺어야 하는 수많은 문제들이 있지만 어쨌든 논의는 시작되었다. 그리고 노력도 시작되었다. 남은 것은 협치와 인내의 긴 과정들일 것이다.

이런 변화와 노력들을 지켜보며, 관련 업계 종사자로서 그러나 그 이전에 이런 변화를 열렬히 갈망했던 독자로서 숲속작은책방도 우리가 선 지금 자리에서 할 수 있는 일에 최선을 다해야겠다 다짐해본다. 우리들의 삶이 계속되는 이곳에서 진한 이야기꽃을 피워야겠다.

계룡문고와
책 읽어주는 사장님

계룡문고 이동선 대표는
매일매일 어린이들에게 책을
읽어준다. 서점이 책만 파는
곳이 아니라 교육과 문화의
발원지가 되어야 한다고 믿는
사장님의 독특한 운영 철학이
돋보이는 곳.

주소 대전시 중구 중앙로
119 전화번호 042·222·4600
홈페이지 cafe.daum.net/
krbookv

책이있는 글터서점

주소 충북 충주시 국원대로
191 전화번호 043·848·4256
홈페이지 ibookm.com

한길문고

주소 전라북도 군산시 하나운로
38 나운프라자 전화번호
063·463·3109

진주문고

주소 경상남도 진주시
진양호로240번길 8 전화번호
055·743·4123 홈페이지
www.facebook.com/
jinjubook

G&GO말글터

주소 강원도 강릉시 문화의길 9
전화번호 033·641·3000

지역을 지키고 있는 중견서점들

동아서점

1956년 문을 연, 59년 된
동네서점이다. 골목 안쪽에
자리 잡고 있다가 최근
새로운 자리로 확장 이전하며
인테리어는 물론 서점 운영
등을 모두 젊은 감각으로
새 단장을 하며 오래된 지역
서점의 진화를 보여주고 있다.

주소 강원도 속초시 수복로
108 전화번호 033·632·1555
홈페이지 www.facebook.
com/bookstoredonga

대동서적

안산을 대표하는 지역서점 중
한 곳으로 여러 곳에 지점을
두고 있는 중형서점이다.
몇 해 전 대대적인 수리를
통해 서가 사이를 넓히고
조명을 밝히며 문화 공간들을
만들어 책 읽기 좋은 공간,
책문화 활동이 활발히
일어나는 공간으로 변신했다.

주소 경기도 안산시 상록구
석호로 235 전화번호
031·406·6666 홈페이지
www.ddbook.co.kr

경인문고

1991년 '한 권의 책'이라는
작은 서점으로 출발, 1994년
서점의 규모를 확장하면서
경인문고로 이름을 바꿨다.
경기도를 근간으로 부천점,
평택점, 송내점, 역곡점,
소풍점 등 5개의 서점을
운영하고 있으며 지역
주민들과 함께 호흡하기 위해
다각도의 노력을 하고 있는
지역 중형서점의 대표격이다.

주소 경기도 부천시 원미구
부천로 34 전화번호
032·654·1677 홈페이지
www.bookting.com

불광문고

주소 서울 은평구 통일로 742
한화생명 지하1층
전화번호 02·383·4236

한강문고

주소 서울 마포구 월드컵로 125
전화번호 02·336·9480

연신내문고

주소 서울 은평구 통일로 861
전화번호 02·352·7600

홍익문고

주소 서울 서대문구 연세로 2
전화번호 02·392·2020

3부

공간을 가꾸다,
이야기를 담다

김병록

오래된 영혼들이 살아서 이야기를 들려주는 작은 책방

"Be not inhospitable to strangers lest they be angels in disguise"

"낯선 이를 냉대하지 말라, 천사일지 모르니"

유럽을 여행하면서 수많은 도서관과 서점, 작가 기념관과 책마을을 돌아다녔다. '책'으로 대표되는 인문정신과 문화예술의 오랜 전통이 살아남아 있는 흔적들을 살펴보는 일은 즐거웠다. 그리고 그들 못지않게 치열한 인문정신과 문화 전통을 가졌으나 오늘날 일상 속에서는 그 흔적을 도통 찾을 수 없게 된 우리 현실이 안타까웠다.

유럽의 수많은 서점들 중에서도 유독 내 맘을 잡아 끈 건 프랑스 파리에 있는 '셰익스피어앤컴퍼니(Shakespeare and Company)'였다. 길담서원 박성준 선생님도 서점을 열면서 이 서점을 떠올렸다 하셨고, 나 역시 책방 문을 열었을 때 모범 사례로 생각했던 게 이곳이다.

셰익스피어앤컴퍼니 서점에 들어섰을 때 문 위에 붙어있던 글귀 '낯선 이를 냉대하지 말라'는 경구를 우리 집 대들보에 써넣고 싶었다. 어려웠던 시절 문학을 사랑하고 글을 쓰는 작가들을 존중하고 지원했던 이 서점의 정신, 부의 축적보다 고귀한 영혼을 탐색했던 서점 운영자의 철학을 본받고 싶었기 때문이다. 그러나 지금 우리 책방에는 이 글귀가 붙어있지 않다. 낯선 이를 냉대하지 않을 자신이 없기 때문이다. 때로 변장한 천사들을 불친절

187

한 말과 태도로 여러 번 내쫓았을지도 모른다. 지천명에 이르렀으나 아직 나는 도를 이루지 못했다.

나는 그 서점에서 책이 있는 공간의 아름다움을 생각했다. 셰익스피어앤컴퍼니는 고서점이다. 건물도, 서가도, 책도 많이 낡았다. 공간은 좁고 사람들이 들어찬 서가는 복잡하고 계단과 서가 사이는 미로처럼 얽혀 있다. 한눈에 사람들의 눈길을 사로잡는 곳이 아니다. 여유로운 공간에 안락한 소파가 놓인 대형서점이나 북카페들과 비교하면 오랫동안 편히 앉아 책을 읽기도 조금 민망한 곳이다. 유명세를 타면서 관광객들의 발길이 끊이지 않기 때문이다. 하지만 어쩔 수 없는 이런 이유를 제외하고 나면 공간이 갖고 있는 특성 자체는 탁월하다.

이곳엔 오랜 세월 풍상을 이겨낸 삶의 흔적들이 남아 있다. 하지만 박제된 유물이 아니라 오늘도 살아남아 여전히 이곳을 찾는 우리들에게 말을 걸어주는 살아 있는 이야기로서의 흔적들이다. 과거와 현재가 시간을 넘나들며 대화를 나누는 오래된 서점의 향기가 진하게 전해진다.

바닥에서 천장까지 큰 키를 자랑하는 오래된 서가에서 책은 함부로 꽂힌 듯 하지만, 자세히 들여다보면 의외로 질서정연하게 잘 배치되어 있다. 무엇보다 책을 책답게 보여주는 모습이 아름다웠다. 유럽의 책은 판형과 재질이 다양한 것은 물론 표지가 독특한 책이 많은데, 이들이 서로 조화를 이루도록 진열한 것도 마음에 와 닿았다. 또한 적당히 어두운 분위기와 부분 조명들은 어쩐지 사람을 차분하게 만들었으며 낡은 책장은 오래된 건물과 잘 어울렸다.

　그 비좁은 공간 안 곳곳의 틈새들을 활용해 서점이 주목하는 주제별 전시를 두었다. 그림책 코너에는 침상 같은 형태로 올라 앉을 수 있는 자리를 마련해 아이와 엄마가 함께 앉아 책을 읽을 수 있도록 했다.

　유럽의 서점에서 우리 눈길을 끌었던 건, 크고 작은 모든 서점이 소파 혹은 의자를 놓아두고 있다는 사실이었다. 큰 서점이야 당연하다고 여길 법도 하건만 작은 서점도 예외가 아니었다. 어쩌면 이것은 고객을 향한 서점의 예의라고 할까, 손님들에게 손 내미는 수줍은 인사 같았다. '네가 있어야 할 곳'은 바로 여기라고 말해주는 듯한.

　오래되었지만 낡았다는 느낌보다 편안함이 전해지는 공간. 책으로 가득 차 있지만 숨이 막히기 보다는 이야기들이 살아 있다고 느껴지는 공간. 그런 공간엔 영혼이 담겨 있다고 믿는다. 숲속작은책방도 이렇게 영혼이 담긴, 이야기를 들려주는 공간으로 만들고 싶었다.

189

'어떻게 꾸미는가'의 문제가 아니라
'어떤 이야기를 담고 싶은가'의 문제

우리 부부가 공간에 관심을 갖게 된 것은 오랜 도서관 경험을 통해서다. 아내가 일산에서 처음 도서관 문을 열었을 때는 단순히 인테리어 개념으로 공간에 접근했다. 아이들이 좋아할 만한 예쁘고 귀여운 공간, 신도시 엄마들이 마음에 들어할 깔끔하고 세련된 가구 같은 것에 신경 썼다. 돈이 없었기에 MDF 판재를 이용한 책꽂이를 들여놓을 수밖에 없었다. 대신 어린이도서관이니 책꽂이 색깔을 알록달록 원색으로 칠해 시선을 끌었다. 돌아보니 그저 겉보기에 그럴듯한 예쁜 모습을 갖추는 데 집중했다는 생각이 든다.

시간이 흐르면서 책이 늘어나고, 책꽂이도 늘어났다. 도서관 가구를 사러 다닐 때마다 화가 났다. 맘에 드는 원목 가구들, 아동용 친환경 가구들은 값이 비쌌고 값싼 싸구려 책꽂이들은 모두 화학약품과 본드로 가공해 유해한 제품이었다. 아이들이 드나드는 공간에, 단지 돈이 없는 작은 도서관이라는 이유로 이런 가구들을 사용하는 게 싫었다.

고민 끝에 내가 직접 가구를 만들면 어떨까 하는 생각을 했고 집 근처 목공방에서 처음으로 톱과 드릴을 잡아 보았다. 마침내 원목 책꽂이 하나를 완성해서 들고 온 날, 아내의 얼굴이 환해졌다. 그리곤 주문 명령이 계속 내려졌다. 주말이면 문 닫힌 도서관 안쪽에 자리를 깔고 톱질을 하며 책꽂이를 만들었다. 사용하던 MDF 책꽂이를 하나씩 버리고 직접 만든 원목 책꽂이로 그 자리를 채웠다.

만들다 보니 욕심이 생기기 시작했다. 어차피 직접 만드는 거라면 세상에 없는, 우리 도서관만의 특징을 잘 담은 가구라면 어떨까? 만일 그렇다면 무엇으로 특징을 잡아야 할까? 도서관이니 말할 것도 없이 책과 관련된 주제여야 되겠다는 생각이 들었다. 그림책에 나오는 배경을 활용하거나, 동화 속 캐릭터가 서가 사이사이에 함께 있으면 아이들이 더 좋아하지 않을까? 실력은 따라주질 않지만 의욕만큼은 하늘을 찔렀다.

이때 가장 먼저 만들었던 게 바로 기차 책꽂이다. 그림책 〈화물열차〉 속에 나오는 기차에서 모양을 착안해 책꽂이를 만들었다. 아크릴 물감으로 색칠까지 하고 나니 이 책꽂이는 단박에 우리 도서관의 명물이 되었다. 기차 책꽂이를 갖고 싶다는 엄마들의 부러움이 이어졌다. 아이들은 도서관을 더 친근하게 느꼈고, 기차 안에 꽂아둔 책을 모두 빼버리고 자기들이 들어가서 놀았으며, 들어가서 놀기만 하는 것이 아니라 그 안에 앉아 책을 읽었다.

바로 이거다 싶었다. 도서관 가구는 아름다움과 기능이면 충분한 여타 공간의 가구와는 다르다는 사실, 도서관의 한 주체가 되어 이야기를 들려주며 도서관의 가장 중요한 구성요소인 책을 돋보이게 해야 한다는 사실을 깨달았다.

어린이에게는 더욱 더 이 점이 중요하다. 왜냐하면 요즘 어린이들은 책의 가치를 잘 알지 못하고, 종이책이 가진 물성 자체의 아름다움을 알지 못한다. 많은 아이들에게 책이란 그저 어른들이 읽으라 강요하는, 하기 싫은 숙제일 뿐이기 때문이다. 이런 아이들에게 도서관은 가기 싫지만 학원처럼 등 떠밀려서 억지로 가야 하는 즐겁지 않은 공간이다. 이 아이들을 위해 도서관을 즐거운 곳으로 바꾸자는 게 바로 어린이도서관 운동 아니었나. 그렇다면 도서관의 가구들도 그에 맞게 아이들을 유혹할 수 있어야 할 것이다.

2008년에 도서관을 서울 마포구로 이전하게 되었다. 언제 쫓겨날지 모르는 월세 세입자 처지에서 벗어나 쫓아내지 않을 테니 얼마든지 있어도 좋다는 소개자의 장담에 전세 세입자로 공간을 구했다(물론 부동산 중개소와 건물 주인의 이 말은 2년 만에 허언이 되어버렸고 임대계약이 끝나자마자 내쫓기는 비운을 맞게 되었다).

공간을 마련하자 초보 목수인 나는 욕심이 생겼다. 작은 도서관의 모범 사례가 될 만큼 아름다운 책공간을 꾸며보고 싶은 욕심. 문을 열고 들어오면 탄성이 나올 만한 환상의 동화 속 공간, 그러면서도 뛰어노는 놀이터가 아니라 어디까지나 책이 주인인 진짜 도서관, 서가 곳곳에서 책들이 어서 오라 아이들을 향해 손짓하고, 책을 싫어하는 아이들에게 말을 걸어주는 비밀 장치들로 가득한 마법의 도서관을 만들어보고 싶었다.

생각도 짧았고, 기술은 그에 더 미치질 못해 내가 머릿속에서 꿈꾸던 공간을 다 구현하지는 못했지만 마포에 만들었던 숲속작은도서관은 아름다웠다. 아이들과 함께 방문하고 싶은 책공간으로 잡지에서도 많이 소개했고, 동네 아이들뿐 아니라 멀리서 일부러 찾아오는 이용자도 많았다.

그때 공간 자체가 갖는 힘이 얼마나 중요한지 깊이 깨달았다. 그러나 공간에 대한 이런 생각을 간혹 단순 인테리어, 외부 장식으로 오해하는 사람들도 있었다. 내가 중요하게 생각한 것은 눈에 보이는 외면의 가치는 아니었는데 말이다. 많은 돈을 들여 비싼 가구로 화려하게 도서관을 장식하라는 게 아니라, 책공간이라면 담고 싶은 이야기, 즉 스토리텔링이 중요하다는 걸 말하고 싶었다. '어떻게 꾸미는지'가 중요한 게 아니라 '어떤 이야기를 담고 싶은지'가 중요하다는 걸 말하고 싶었다. 목공을 하고 공간을 만들고 그 공간 안에서 사람들이 어떤 방식으로 녹아드는지를 직접 체험하면서 보이는 것 이상의 가치를 담는, 이야기가 있는 공간의 생명력을 느꼈다. 그리고 그건 값비싼 재료로 치장한 화려한 장식이나 단순한 인테리어의 문제가 아니라는 걸 알게 되었다.

어린이들에게 이야기를 들려주지 못하는, 가치와 의미를 담지 못한, 인테리어 차원에서의 화려한 꾸밈이 무슨 소용이란 말인가? 어른들의 눈에 띌세라 마치 잠들어 있는 것처럼 보이지만 사실 수많은 책들이 어린이들에게 말을 걸고, "나를 한 번 만나봐", "내 이야기를 들어봐" 유혹하는 모습을 찾아낼 수 있는 책공간. 이런 걸 원한다고 말하고 싶었다.

그리고 나의 이런 생각이 잘못되지 않았다는 걸, 내 머릿속에 들어있는 이 상상이 현실에서도 가능하며 이미 오래전부터 존재해왔다는 걸, 유럽 책마을 여행에서 알게 되었다. 그리고 돌아와 괴산에 숲속작은책방을 만들면서 하나씩 나의 현실로 구현할 수 있었다.

193

나의 상상과 구현이 꼭 정답일 수는 없겠지만 내 소중한 경험들을 하나씩 나눠보고 싶다. 그간 많은 사람들이 숲속작은책방에 방문해서 책공간에 담긴 이야기를 듣고 싶어 했다. 목공 체험을 원하는 분들도 있었고, 가구만 따로 주문 제작했으면 하는 분도 있었다. 혹은 사진을 찍어가서 그대로 따라하고 싶다는 분들도 있었다. 물론 나는 저작권을 애써 주장하는 '카피라이트'보다는 좋은 건 모두 따라하는 게 좋다는 '카피레프트'주의자. 이번 기회에 우리가 만든 공간과 가구들에 대해 좀 더 자세히 설명해보고 싶다. 숲속작은책방을 방문했던 분들이라면 '아, 이런 이유들이 숨어 있었구나' 새삼스러울 테고, 우리 책방을 방문하지 못한 분들이라면 책에 소개하는 내용을 확인하는 차원에서 방문해준다면 고맙겠다.

195

자연 속에서 책을 읽다

우리 책방을 방문하는 이들의 첫 반응은 대개 비슷하다.

"우와, 너무 멋져요."

"내가 꿈꾸던 바로 그 공간이에요."

처음에는 좀 쑥스럽기도 했고, 그저 주인의 심기를 살핀 의례적 인사일 거라고 생각했다. 그러나 한 번 온 분들이 두 번 세 번 방문하고, 친지들에게 적극 소개하는 걸 보면서 단순히 인사치레만은 아니라는 것을 확신하게 되었다. 그래서 나는 사람들에게 늘 물어본다. 뭐가 그렇게 좋냐고, 당신이 꿈꾸었던 공간은 무엇이었느냐고.

사람들은 우선 "신기하다"는 답을 했다. 책을 주제로 거실은 물론 계단과 다락방까지는 뭐 그렇다 치더라도 현관에서부터 데크와 마당 구석구석까지 집 전체를 온통 책으로 물들인 집은 처음이라는 것이다. 집 전체를 한 바퀴 돌다보면 이런 곳에까지 책이 있다니, 하는 놀라움이 계속 번져간다.

"동화 속 집 같아요."

두 번째 답이다. 책장에는 단순히 책만 있는 게 아니라 인형도 있고 장식물도 많은데 한결같이 책과 관련이 있는 것이다. 동화 속 캐릭터들이 구석구석에 자리 잡고 있다. 어찌 보면 난잡하기도 하고, 좀 유치해보일 법도 한데 이상하게도 이 모든 게 지저분해보이지 않고 질서정연하게 늘어서 있는 게 참 신기하다고 한다. 유치하다는 생각보다는 아름답고 환상적이며, 그러니 동화 속에나 나올 법한 집처럼 느낀다는 것이다.

그러나 가장 중요한 답은 바로 이거다. 그럼에도 불구하고 이 곳이 너무나 편안하다는 사실이다. 아마도 '가정식' 서점이기에 영업장보다는 가정집의 냄새를 풍기는 게 일조했으리라. 뭔가로 가득 차 있지만 그게 부담스럽지 않은 이유는 물질적 가치를 대변하는 장식품들이 아니기 때문이다.

"그래서 이 집은 내 집이 아니지만 왠지 편안하다."

우리 집은 180여 평의 대지 위에 29평 집(다락방 포함 45평)과 150여 평의 정원으로 이루어져 있다. 집 안에는 서점과 다락방 민박, 우리가 세 들어(?) 살고 있는 방 두 칸이 있다. 정원에는 데크를 비롯하여 오두막 책방과 파고라, 목공작업실이 있으며 50여 종의 각종 야생화와 20여 그루의 정원수와 유실수. 그리고 '나비'라는 수고양이 한 마리가 어슬렁대고 있다. 우리는 여기서 시골민박과 서점, 그리고 생활공간이 비빔밥처럼 뭉쳐진 새로운 책공간을 통해 지속가능한 삶을 살기 위해 고군분투하고 있다.

꽃과 차와 음악이 있는 헤세의 정원에서
내 인생의 책을 만나다

내 세상 여행길에
작고 성스러운 목표 하나 있으니
푸른 여름의 꿈과 같은 신의 정원을
너처럼 거니는 것이다

(<정원에서 보내는 시간>, 헤르만 헤세, 웅진지식하우스)

시골에 와서 최초로 정원이라는 걸 갖게 된 어느 날, 헌책방에서 우연히 책 한 권을 발견했다. 〈정원 일의 즐거움〉(헤르만 헤세, 이레출판사)(우리가 본 책은 절판되었고 웅진지식하우스에서 〈정원에서 보내는 시간〉이라는 제목으로 다시 나왔다)이라는 책이었다. 이 책을 읽고 헤르만 헤세가 정원을 사랑했다는 걸 알게 되었다. 정원을 가진 사람만이 느낄 수 있는 꽃과 정원, 그리고 노동에 대한 아름다운 글에 마음이 설레었다.

"어딘가에 내 집을 짓고 한 조각의 땅을 사랑하며 그 땅을 단지 관찰하거나 그림으로 그리는 데 그치지 않고 경작하여 곡식을 재배하고 농부들이나 목장 사람들과 함께 행복을 맛보는 것……그것은 내게 멋지고 부러움을 살 만한 행복처럼 여겨졌다."

그렇다. 헤세에 의하면 우리 부부는 지금 세상에서 가장 부러운 행복을 누리고 있다. 한 조각의 땅을 사랑하고, 땅을 경작하고, 그리고 나아가서 그 땅 위에서 헤르만 헤세를 읽고 있는 이런 행복감.

자연 속에서 책을 보자! 어쩌면 이 말은 그저 허울 좋은 구호처럼 느껴질 수도 있다. 우리도 상상하기 힘들었던 말이다. 그러나 시골 마을로 귀촌한 이후 우리가 발견한 최대의 수확은 바로 자연 속에서 책을 보는 경험이다. 그것은 지금까지 아내와 내가 수십 년간 경험했던 그 어떤 공간보다도 뛰어난 책공간이었다.

봄이면 따사로운 햇살이 비치는 데크에 편안한 캠핑용 의자를 놓고 앉아 살랑거리는 미풍을 맞으며 책을 보는 경험, 정자에 해먹을 걸어놓고 그 안에 누워서 책을 보다 잠이 드는 경험, 장마철 오두막 안에 앉아 떨어지는 낙숫물 소리를 들으며 책을 보는 경험, 파란 잔디를 배경으로 사시사철 꽃이 지지 않는 수십 종의 야생화 정원을 바라보며 책을 읽는 경험, 가을에는 스산한 바람에 낙엽 떨어지는 소리를 들으면서 책을 읽는 경험, 초겨울에는 두꺼운 오리털 점퍼를 입고 모닥불을 피워 놓고 앉아 책을 보는 경험. 이런 것들은 정말 경험해보지 않고서는 느낄 수 없는 경이로움이다. 도시에서만 살아온 우리 부부에게는 하나하나가 참으로 신비로운 경험이었고, 자연이야말로 최고의 책공간이라는 점을 깨달은 계기였다.

우리가 책을 읽는 이유 중 하나는 인간이 전 우주적 존재이며, 자연의 일부분, 즉 우리가 유일한 하나가 아니라 모두 중 하나라는 점을 이해하는 것이라 믿는다. 인간으로서 내가 누구며 어디에서 왔고 어디로 가는지, 그러므로 어떻게 살아야 하는지를 알아야 하기 때문에 책을 읽는 것인데 이러한 존재 증명의 근원이 바로 자연이다. 이를 알지 못하기에 자연은 파괴되고, 인간성

은 상실되고 오늘날 인간은 무너져가는 것이다. 책을 읽기 위해 존재하는 도서관이 그러므로 자연을 이야기하는 건 당연한 지침일지 모른다.

　자연에서 책을 읽기 위해 가장 먼저 만든 것이 바로 정원과 텃밭이었다. 우리 정원은 잔디밭과 화단, 텃밭으로 나뉜다. 이를 위해 우선 마당에 15톤 덤프트럭 세 대 분량의 마사토를 쏟아 부었다. 집 건축이 끝난 후의 마당은 진흙탕 그 자체였다. 이를 정리하고 무엇보다 물빠짐을 원활하게 하기 위해선 마사토가 최고다.
　그 위에 잔디를 심었다. 잔디밭 관리는 우리 정원에서 가장 중요한 일이다. 봄가을로 비료를 주어야 하고, 비가 자주 오는 여름

장마철에는 일주일에 한 번씩 깎아 주어야 한다. 잔디밭 관리가 얼마나 귀찮은 일이면 시골 마당마다 시멘트를 발랐는지 이제야 이해가 된다. 잡티 하나 없는 깔끔한 잔디마당은 나의 수고를 필요로 하지만 봄부터 가을까지 눈앞에 펼쳐지는 푸른색의 싱싱함은 이 모든 수고를 잊게 만든다. 특히 새파란 잔디 위에서 뛰어노는 꼬마 손님들의 해맑은 모습, 새와 나비를 쫓아다니는 우리 집 고양이 나비의 우아한 몸짓을 보노라면 여기가 바로 천국인가보다 싶으니 잔디란 고단해도 포기할 수 없는 존재다.

화단은 집을 짓고 남은 자투리 나무들로 만들었다. 마침 이웃 사오랑마을에 야생화를 사랑하는 어르신이 살고 계신다. 5백여 평 정원이 온갖 희귀한 꽃과 나무들로 가득한 아름다운 집인데 마을에 책방이 들어섰다는 소문이 난 그날부터 이분은 우리를 안타까이 여기셨다.

"대체 여기서 책으로 뭘 해 먹고 살려는가, 뜻은 참 훌륭한데 걱정이 태산이네."

그리고 그분이 우리에게 해줄 수 있는 최고의 선물을 주셨다. 바로 수십 종의 야생화다. 봄여름, 비만 오면 전화를 해 커다란 대야를 들고 오라고 하셨다. 그 집 정원을 정리하고 솎아내면서 일부러 우리를 위해 새로운 종류의 꽃들을 캐내곤 한다. 비 오는 날에 흙에 찔러 놓으면 웬만하면 다 살아남기 때문에 꼭 비 오는 날이면 우리를 부르셨다. 처음엔 새끼손가락만 한 풀들로 언제 너른 마당을 다 채우나 했지만 야생화의 생명력은 놀라웠다. 한 해가 지나면 이듬해 봄에 무한 번식을 해나갔다.

203

봄부터 피기 시작한 꽃들은 가을까지 이어졌고 겨울에는 알아서 월동하여 다시 봄이 오면 새로운 싹을 틔워냈다. 영하 15도를 넘나드는 추위를 견디고 봄이면 올라오는 생명의 신비는 정원을 가진 사람만이 느낄 수 있는 행운일 것이다.

데크는 밖에서 책방을 보았을 때 정면으로 보이는 곳이다. 원래 가정집이었기 때문에 밖에서 보면 이곳이 서점이라는 느낌을 갖기 어려웠다. 물론 제대로 된 간판이나 안내문이 없었던 것도 이유였다. 지나가는 사람들이 이곳은 책이 있는 집이라는 점을 한눈에 알아볼 수 있으려면 야외 서가 같은 것이 필요했다. 생각 같아서는 영국의 책마을 헤이온와이처럼 담벼락에 커다란 야외 서가를 설치해 책으로 뒤덮고 싶었으나 장마철 비바람이 거센 우리나라 환경에서는 책을 몽땅 쓰레기로 전락시킬 위험이 컸다. 고민 끝에 현관 정면에 책장을 만들어보았다. 결과는 대성공이어서 책이 있는 집이라는 공간에 대한 정체성을 확실히 해주는 일등 공신이 되었다. 하지만 역시 시골의 강한 햇볕과 비바람을 견디기는 어려워 아크릴문을 달았음에도 진짜 판매할 책을 수납하고 전시하는 기능을 하기는 어렵다. 하지만 전시 효과는 뛰어나서 방문하는 모든 이들이 그 앞에서 한번쯤 사진을 찍을 정도로 사랑받는 공간이다.

이 공간의 가장 큰 기능은 정서적 만족감에 있다. 책이 가득한 야외 서가 앞에 의자를 놓고 앉아 손에 책 한 권 들고 있으면 그야말로 독서캠페인에 딱 어울리는 그림이다. 손님들 역시 이런 잠깐의 판타지를 잊지 못해 다시 또 책방을 방문하는 것이다.

새벽에 웃는 저 꽃은
뜨거운 태양빛에 죽고
이른 저녁에 묘지로 들어가네.

그리고 인생도 하나의 꽃
아침노을 속에 사라져가며
하루 만에 봄을 잃는다네.
(<정원에서 보내는 시간>, 헨델의 아리아 '웃는 꽃' 중에서, 헤르만 헤세,
웅진지식하우스)

　하루 만에 봄을 잃고야 마는 짧은 인생길, 꽃과 차와 음악이 있
는 아름다운 신의 정원에서 책 한 권 읽는 즐거움을 누리지 못한
다면 그 또한 얼마나 슬픈 일인가. 그 즐거움을 혼자 만끽하는 게
죄스러워 오늘도 우리는 책방으로 손님들을 불러 모은다. 이 아
름다운 봄날의 정원으로 어서 오라고.

피노키오 오두막 책방
– 호롱불 켜고 애벌레를 벗 삼아 책을 보는 곳

서점의 첫 시작은 오두막이었다. 도서관에 보관하고 있던 어린이책들을 일부 팔아 필요한 책을 사기로 했다. 판매를 하려니 전시 공간이 필요했고 마당에 오두막이 한 채 있었으면 싶었다. '오두막 책방'은 책을 파는 서점의 역할도 하지만 이곳을 찾는 아이들에게 책읽기의 새로운 경험도 전해주리라. 온전히 자연과 동화되는 책공간을 꿈꾸었다. 여름에는 모기장을 치고 책을 보고, 밤이면 침낭 안에서 야외취침을 경험할 수 있는 책방. 마당 한가운데 두둥실 떠오른 보름달 빛이 손바닥 위의 책장을 어떻게 비추는지 아이들이 경험할 수 있다면 얼마나 좋을까.

기껏해야 책꽂이와 책상 정도만 만들던 초보 목수에게 집을 짓는 일은 엄두가 나질 않아 전문가에게 견적을 부탁했다. 전기, 난방, 아무 장치도 없이 기둥을 세워 벽체만 두르는 간단한 공사인데도 최소 금액이 5백만 원 정도 나왔다. 만일 내장재라도 사용한다면 가격은 1천만 원 대로 훌쩍 뛸 것이다. 귀촌한 지 2년이 지나 주머니가 점점 가벼워지는 시기였다.

고민하며 잠든 날 밤, 꿈에 변장한 천사가 나타나 속삭였다. 직접 지으면 가격이 반 이하로 내려갈 거라고. 아침에 일어나 자재 값을 따져보니 변장한 천사의 말이 맞았다. 잘하면 150만 원 정도로 오두막 한 채를 마련할 수도 있을 것 같았다. 그러나 이야기를 듣는 아내의 표정이 어두웠다. 과연 원하는 오두막을 완성할 수 있을지 내 실력에도 반신반의, '나 같으면 그냥 목수에게 맡기고 만다'라고 얼굴에 가득 쓰여 있었다. 그 표정을 애써 무시하며 내가 직접 지으면 한 달 월급을 버는 것과 똑같다고 호기롭게 소리쳤다. 그러나 현실은 달랐다.

만드는 방법은 간단했고 독특했다. 우선 오두막이 들어갈 터를 평평하게 골랐다. 원래는 땅을 파고 기둥을 세우기 위해 일명 공구리(콘크리트 타설)를 해야 하는데 이를 생략하고 대신 벽돌을 놓았다. 무지에서 나온 용감한 행동이었다. 그리고 높이 2400밀리미터(대부분의 집 거실의 높이가 2300밀리미터 정도다)의 커다란 책장 4개를 만들었다. 어차피 책장을 만들어야 하는데 미리 만들어 이를 기둥으로 삼을 속셈이었다. 책장을 벽돌 위에 올려놓고 하나씩 이어나갔다. 4개를 모두 연결하니 얼핏 오두막 같았다. 그 위에 지붕을 만들고, 판자를 사서 벽을 만들었다. 그리고 창문을 만들어 유리를 붙이고, 문을 만들어 피노키오 얼굴을 달았다. 칠을 하고 나니 겉보기에는 제법 그럴듯한 오두막이 완성되었다.

완성 후 근처 사는 목수 한 분이 오더니 묘한 표정을 지었다.

"이렇게도 집이 되는군요."

목수의 말이 알쏭달쏭했다. 집에 대해서 잘 모르는 대부분의 사람들로부터는 대단하다는 칭찬이 이어졌다. 잠시 우쭐했지만 그게 끝이었다.

장마가 시작됐다. 어느 날 오두막 문을 연 아내의 입에서 비명 소리가 들려왔다.

"천장에서 비가 새요!"

아차 싶었다. 겨우 정신을 차리고 오두막에 가니 천장에서 빗

물이 떨어지고 있었다. 다행히 두세 곳쯤이었다. 임시방편으로 물동이를 받쳐놓고 비가 새는 지붕 위에 올라가서 사방을 살펴보았지만 아무래도 이유를 알 수가 없었다. 그러는 사이 비 새는 곳이 너덧 군데로 늘어났다. 물동이의 숫자도 함께 늘어났다. 결국에는 전문가를 불러올 수밖에 없었다.

"물매가 안 되었네요."

"네? 물매가 뭐지요?"

목수가 황당하다는 표정을 지었다.

"지붕의 각도입니다. 비가 흘러내릴 수 있도록 각도를 맞춰줘야 하는데 그러질 못했네요. 지붕을 다시 지어야겠는데요."

날벼락 같은 소리였다. 그러나 그후로도 비는 계속 샜고 결국 병원을 다니며 아픈 팔에 침을 맞아가며 물매라는 것에 맞춰 지붕을 수선했다. 한 달 월급을 벌었는지는 모르겠지만 몸이 죽어나갔다.

우여곡절을 겪었지만 피노키오 얼굴이 달려있는 오두막 책방은 우리 집을 찾는 아이들과 엄마들이 가장 좋아하는 공간이 되었다. 사방이 책장으로 가득한 나지막한 오두막에서는 10여 명의 아이들이 함께 앉아 책을 읽고 체험활동도 할 수 있다. 문을 열면 우리 집을 둘러싼 뒷산의 봉우리 세 개가 우아한 곡선을 선보이고, 이른 아침 이곳에 앉아 있으면 산을 따라 흐르는 새벽안개, 코끝을 간지럽히는 분꽃 향기, 맑은 새소리에 둘러싸여 마치 히말라야 명상센터에 들어앉은 듯 정신이 맑아진다.

일부러 이곳에는 전기를 가설하지 않았다. 우리 마을은 화석

연료를 쓰지 않는 그린에너지 마을이다. 농약을 쓰지 않기 때문에 여름철이면 반딧불이가 마당까지 날아드는 청정 환경을 자랑하고, 나지막한 태양광 가로등을 사용해 생물들이 충분히 밤을 살 수 있도록 했기에 그믐날 밤이면 사방이 무서울 정도로 깜깜하다. 이 완벽한 어둠의 빛깔은 우리에게 날 것 그대로의 자연을 느끼게 해준다. 도시에서 온 이들이 이런 자연을 느끼고 돌아갔으면 하고 바랐다.

이탈리아에서 데려온 피노키오

우리 집에는 곳곳에 피노키오 얼굴이 많다. 들어오는 대문 옆, 오두막 책방 문에도 피노키오 얼굴이 있고, 집 안에도 이탈리아에서 구입해 온 크고 작은 피노키오 인형들이 있다. 우리 집 피노키오는 멀리 이탈리아에서 왔다. 유럽 책마을을 돌면서 피노키오의 작가 꼴로디가 살던 마을에 조성된 '피노키오 국립공원'을 방문한 적이 있었다. 이름 그대로 피노키오 이야기를 스토리텔링한 공원이다. 공원에 있는 이정표를 따라 가면 곳곳에 이탈리아 대표 조각가들이 만든 동화 속 장면들이 등장하는데 마지막 부분에서는 피노키오 동화의 클라이막스인 커다란 고래가 등장한다. 방문객들은 고래 배 속에 들어가 제페토 할아버지를 만나고 고래 등에 올라가 고래의 숨구멍에서 내뿜는 분수를 볼 수도 있다.

이곳에서 유독 나의 눈길을 끈 것이 방향을 알리는 이정표였다. 피노키오 얼굴에 긴 코가 가리키는 방향이 관람객의 이동 동선이다. 그동안 보아온 숱한 피노키오 중에서도 유독 친근하고 귀여워 집을 만들면서 그 느낌을 많이 따라했다. 그러나 너무 멀리 입양을 온 탓일까? 얼굴이 피노키오 공원의 그것과 조금 달라졌다.

푸른개가 읽어주는 책이야기

동서고금을 막론하고 모든 사람들이 말하는 올바른 독서습관의 첫걸음은 바로 아이들에게 책을 읽어주는 것이다. 이런 책 읽어주기가 기억 속에 조금 더 독특하고도 감동적인 순간으로 새겨질 수 있는 방법은 없을까? 더 편안하고, 더 따스하며, 그리고도 즐거운 경험으로 전해지면 좋겠다는 생각 끝에 만든 것이 바로 '푸른 개'다.

시작은 수년 전, 이탈리아의 한 서점에서 비롯된다. 서점 어린이 코너에는 상상의 동물인 루비콘이 놓여 있었는데 그 위에 올라탄 아이가 참으로 행복해 보였다. 그렇지, 아이들은 무언가에 올라타는 것을 좋아하잖아. 탈 수 있는 동물의 모습을 나무로 만들어 보면 좋겠다는 아이디어가 떠올랐다. 이왕이면 상상의 동물보다 모든 아이들이 갖고 싶고, 키우고 싶어 하는 개를 만들면 더 친근하지 않을까 생각했다.

어떤 모양의 개를 만들까 고민하면서 수많은 그림책을 찾아보았다. 그러다 우연히 발견한 것이 바로 그림책 <푸른 개>(나자 글·그림, 주니어파랑새)이다. 프랑스 작가의 책인데 위험에 처한 아이를 푸른 개가 지켜준다는 내용이다. 동물과 인간의 교감, 우정을 나누는 모습이 인상적이었고 무엇보다 책에 나오는 새파란 색이 마음에 들었다.

나만의 푸른 개를 만들기 위해 설계에 들어갔다. 우선 머리와 몸통의 비율을 흔히 만화 주인공의 모습인 1:3으로 했다. 이 비율은 어린이들에게 익숙하기도 하고 사람들이 귀여움을 느끼는 비율이기도 하다. 초등학생과 유치원생 키를 고려해 높낮이가 다르게 두 개를 만들었다. 머리

211

부분은 책상의 역할을 하고 몸통을 앉는
부분으로 나누어 엄마나 아빠가 뒤에서
아이를 껴안고 책을 읽어줄 수 있도록
설계했다.
목재는 목재상에서 쉽게 구할 수 있는
건축용 구조재로 만들었다. 건축용 자재는
튼튼하다는 장점이 있는 반면 쉽게
휘어진다는 단점이 있다. 따라서 구입
즉시 만들어야 한다. 오랜 시간 표면을
매끄럽게 갈아내는 과정을 거쳐 푸른색
스테인을 칠했다.
다 만들고 나니 마음에 들었다.
튼튼하기도 하고 무엇보다 부모와 아이가
서로의 체온을 느끼면서 개 위에 올라타
책을 읽는 모습이 다정하게 다가왔다.
재미있는 건 가만히 놓고 보면 그 누구도
이게 개인지, 무엇에 쓰는 물건인지
모른다는 사실이다. 그저 특이한 의자
정도로만 생각한다. 그러나 <푸른 개>
그림책을 보여주고, 개에 올라타 책 읽는
시연을 하면 그제야 아, 하고 탄성을
내지른다.
몇 년 전에 순천 기적의도서관에서 '개에게
책 읽어주기' 프로그램을 진행한 적이
있었다. 이 프로그램은 스스로 책을 읽기

힘든 아이들이 개에게 책을 읽어줌으로써
책을 읽는 자신감을 길러주고 나아가 책의
내용을 올바로 이해할 수 있는 기초를
제공한다는 점에서 어린이 독서능력
향상에 매우 좋은 프로그램으로 평가를
받았다. 하지만 문제는 개가 매우 힘들어
한다는 점이다. 아이가 책을 다 읽어줄
때까지 살아있는 개가 가만히 앉아있기란
쉽지 않은 법. 훈련받은 개만이 할 수
있다는 어려움이 있다. 그래서 외국에서는
인형에게 책을 읽어주는 프로그램을
진행하기도 한다. 푸른 개 역시
마찬가지다. 아이가 부모와 나란히 앉아
읽어주는 책을 들을 수도 있지만 아이들이
푸른 개에게 책을 읽어줄 수도 있어 좋은
친구로서의 역할까지 한다는 점에서
참으로 소중한 놈이다.
많은 사람들이 푸른 개를 갖고 싶다고
주문을 의뢰했었다. 그러나 다시 만들지는
않았다. 나로서도 왠지 나만의 것 하나쯤
갖고 있고 싶다는 그런 생각이랄까.
그래서 도저히 값을 매기기가 어려워 주문
판매가 어렵다는 말로 돌려서 거절했다.

거실을 그대로 활용한 가정식 서점

오두막 책방을 만들고 한동안 우리집 마당엔 활기가 돌았다. 이웃 사람들도 많이 다녀갔고 동네 아이들도 놀러와 이곳에서 책을 읽거나 보드게임을 하거나 때론 여자아이들끼리 소곤소곤 자신들만의 시간을 가졌다. 참 흐뭇한 모습이었다. 민박을 시작하자 오두막은 더욱 더 빛을 발했다. 여름날 밤, 모기장을 치고 앉아 비록 호롱불은 아니지만 야외용 램프등 아래 정담을 나누는 모습은 하룻밤 머무는 손님들에게도 그 광경을 지켜보는 우리들에게도 잊혀지지 않는 추억이 되었다.

이곳은 서점이라기보다는 정겨운 간이 도서관이었다. 그러나 방문하는 사람들이 활발하게 책을 사가고, 갖고 있던 재고 도서가 점점 줄어가자 우리는 정식으로 서점의 형태를 고민하기 시작했다. 헌책방이 아니라 아예 새로운 책을 받아서 팔면 어떨까 생각한 것이다. 어린이책 전문가인 아내가 방문하는 아이들의 나이나 특징에 맞는 책을 잘 골라주고, 어떤 책을 어떻게 읽히는 게 좋다는 이야기를 곁들이다 보니 권해주는 책을 모두 다 사고 싶어 했다. 문제는 그 책들이 도서관 보관용으로만 있을 뿐, 판매본이 없다는 것이다. 아예 우리가 좋아하고 추천하는 책을 여기서 팔아보면 어떨까 하는 생각이 들자, 우리는 제대로 된 서점 영업에 대해 알아보았고 절차도 그리 복잡하지 않아 자연스레 사업자등록을 했다.

서점으로 등록을 하고 보니, 단순히 '책이 있는 집'에서 벗어나 진짜 서점다운 서점, 살 만한 책이 많이 갖춰진 본격 서점을 만들 어야겠다는 생각이 들었다. 오두막 책방만으로는 공간이 턱없이 부족했고 고민 끝에 우리는 거실을 영업장으로 개방하자는 결론 을 내렸다. 사생활을 많이 양보해야 하는 것이 마음에 걸리기는 했지만 서점을 하고 싶다는 충동을 끊을 수가 없었다.

서점은 일단 책 수납공간을 확보해야 하니 벽마다 책꽂이를 세워 창문을 빼고는 삼면 모두 책꽂이로 둘러싸인 모양이 되었 다. 서점이자 거실인 이 공간은 우리 책방의 핵심이자 얼굴이다. 손님들은 책장에 배치된 책들의 모습과 다양한 소품들을 보고 숲속작은책방의 성격을 이해한다. 또한 이곳은 한 달에 한 번 열 리는 북클럽을 비롯하여 여러 가지 행사를 개최하는 곳이다. 넓 지는 않지만 그만큼 소중한 곳으로 가장 심혈을 기울인 공간이 기도 하다.

대부분 전원주택은 천장이 높다. 천장 낮은 아파트에서 답답 하게 살던 사람들은 내 집을 짓게 되면 높다랗게 솟아오른 천장 부터 상상하기 마련이다. 보기는 좋으나 이렇게 되면 보통 천장 의 높이가 4~5미터 정도 되는데 위압감이 느껴질 수 있고, 목소 리가 울리며, 단열이 어렵다는 단점이 있다. 이럴 때 한쪽 벽면 에 높은 책장을 설치하면 이러한 단점들이 보완된다. 즉 단조로 운 벽면에 다양하고 풍부한 책의 질감과 색감을 부여할 수 있고, 단열에도 도움이 되는 것은 물론 소리 울림도 줄일 수 있다. 또한 책장에 책과 함께 다양한 소품을 함께 장식하면 느낌 또한 굉장 히 화려해진다.

책을 좋아하는 사람들에게 높다란 천장 끝까지 세워진 서가는 로망이다. 꼭대기 칸에 있는 책을 꺼내기 위해 사다리를 설치한 서가는 더욱 흥미롭다. 홍대 앞에 있는 북카페가 바로 이런 콘셉트로 책이 가득한 공간을 만들어 성공을 거두었다. 우리 집도 비슷하다. 거실에 들어서는 손님들은 모두 다 "우와" 탄성을 내지르는데 그 이유가 바로 천장 끝까지 세워 올린 책장 덕분이다. 누구나 갖고 싶었던 바로 그 공간, 적극적인 손님들은 사다리에 올라 높이 있는 책을 일부러 꺼내어 보기도 한다. 책방은 바로 이렇게 책을 좋아하는 사람들의 잠재적인 욕구를 대리 만족시켜주고 있다.

서점인 동시에 영업이 끝난 이후에는 거실로서 기능을 해야 하는 이 공간의 난제는 한가운데 책장을 놓을 수 없다는 점이다. 공간 가운데 매대 역할을 하는 테이블이 있고 이곳에 책이 전시되어 있어야 비록 가정식이지만 '서점답다'는 느낌을 줄 수 있는데 그럴 경우 이곳을 서점 겸 거실로 이용해야 하는 일상생활에 부담이 된다. 또 하나, 우리 책방은 단체 방문객이 많고 그럴 경우 20~30명이 앉아 이야기를 나눌 수 있어야 하는데 가운데 공간을 책장이 차지하고 있으면 모임을 하기가 쉽지 않다. 그렇다고 텅 빈 채로 공간을 그냥 둘 수도 없는 노릇이다. 고민 끝에 나는 소파테이블을 일반 테이블 두 배 규모로 크게 만들었다. 테이블 위에 스탠드와 책들을 늘어놓으니 자연스레 책 전시대의 역할을 하고, 손님들은 테이블을 중심으로 둘러앉아 책을 읽거나 담소를 나눌 수 있다. 높이가 나지막하기 때문에 저녁 시간 거실로 사용하더라도 전혀 부담이 되지 않았다.

216

이렇게 해서 우리 책방을 대표하는 이미지가 탄생했다. 천장까지 닿는 높다란 서가, 그 앞에 단정하게 놓인 원목 소파, 그리고 나지막한 소파테이블. 사이드테이블에 올라앉아 달콤하게 낮잠을 즐기는 책방 고양이는 화룡점정이라고나 할까.

독자를 유혹하는 책장

"혹시 이 책 있나요?"

묻는 손님이라면 숲속작은책방을 잘 알지 못하는 초보 손님.

"작은 책방은 필요한 도서의 구매 목록을 갖고 찾아오는 곳이 아니라 책방에 있는 책 중 맘에 드는 것을 골라가는 책방입니다."

뭐 이런 황당한 책방이 다 있어, 라고 생각한다면 작은 책방을 이해하지 못하는 사람이다. 그럴 수밖에 없는 것이 작은 책방은 말 그대로 작다. 공간이 작기 때문에 많은 책을 고루 갖춰놓을 수가 없다. 그렇다면 방법은? 책방의 특징과 개성을 잘 살린 특정한 부류의 책들만 잘 골라놓는 '셀렉숍'의 역할을 해야 한다.

우리 책방도 마찬가지다. 일단 책방에 들어와서 책장을 둘러보고 그중에서 맘에 드는 책을 골라간다. 이때 손님들의 선택을 유도하기 위해 책방 서가에는 몇 가지 손님을 유혹하는 장치를 해놓았다.

우선 장르별, 주제별, 작가별로 서가 정리를 해놓는 것은 기본이다. 특히 주제별 분류가 가장 필요하다. 숲속작은책방에서 가장 중요하게 생각하는 분야는 첫째 환경, 생태 분야다. 자연과 가까이 살면서 생태적인 삶의 필요성을 절실히 느끼기 때문이다. 또 깊은 시골 마을의 작은 책방까지 찾아오는 사람들은 대개 자연과 환경, 시골살이에 관심이 많은 이들이다. 그들과 나눌 만한 좋은 책들을 찾아내는 게 우리의 주요 과제다. 둘째는 평화에 대한 책이다. 어린이책이든 어른책이든 우리는 전쟁과 폭력에 반대하고 평화를 지키려는 노력을 담은 책을 널리 알리려고 한다.

이 두 가지 주제는 책의 종류를 조금씩 바꿔가며 변함없이 우리 책장을 지키고 있고, 꾸준히 사람들에게 알리고 있다.

그 외는 그때그때 새로운 주제로 서가에 변화를 주려고 노력한다. 서점을 처음 시작했을 때는 손님도 거의 없고, 책도 많이 팔리지 않았기에 수개월 동안 전혀 변화 없이 똑같은 책을 그대로 전시했다. 주제를 바꾸기에는 서가를 보고 간 손님이 너무 적고, 재방문율도 그리 높지 않으니 한 번 꾸며놓은 것을 바꾸기 아까웠다. 그러나 지금은 손님도 많이 늘었고, 단체 방문객이 다녀가면 빠지는 책도 많은 데다, 결코 가까운 지역 주민이 아닌데도 재방문을 하는 손님들도 제법 생겨나서 게으르게 서가를 운영할 수가 없다. 그래서 앞서 얘기한 환경과 평화 주제의 책 외에는 그때그때 생각나는 주제로 서가를 자주 바꾸고 있다.

서가 배열에서 우리가 가장 심혈을 기울이는 부분이 바로 책 표지다. 책의 표지는 책의 가장 아름다운 부분이다. 책 제목은 물론 그 책을 읽어야만 하는 이유가 적혀 있다. 도서관은 많은 책을 소장하고 보관하는 기능이 우선이기 때문에 책등이 보이도록 꽂아두지만 서점은 다르다. 끊임없이 책을 사도록 유혹하기 위해서는 가장 강력한 무기인 책 표지를 노출시켜야 한다. 다만 이 경우 많은 책을 진열할 수 없다는 점과 책이 판매되면 계속 교체해 주어야 한다는 점에서 많은 노력이 필요하다. 하지만 책이 많이 팔린다면 그 정도의 수고쯤이야. 실제 우리 책방을 찾는 손님들이 가장 많이 하는 말 중에 하나가 책을 고르기 쉽다는 것이다. 얼핏 봐선 책의 종류가 부족해보일 수도 있지만 어차피 내가 살 책은 한 권에서 많아야 대여섯 권 이내이니 수만 권의 책 가운데

시골에서 나무 구하기

서울에서는 온라인 DIY(Do-It-Yourself) 목공방 사이트에 재료를 주문하면 집성목을 재단하여 배송해주었는데 지방으로 오니 배송비가 만만치 않았다. 그래서 읍내에 있는 목재소를 찾아 갔다. 다행히 시골은 건축 수요가 풍부한 곳이라 건축용 자재가 많았다. 목재소에서 건축용 목재를 구경하다가 눈에 들어온 목재가 하나 있었다. 캐나다 산 수입 판재로 가문비나무인 스프러스다. 원목이지만 캐나다 목재협회에서 등급검사를 받은 재료로 수분 때문에 갈라질 염려가 없고, 표면이 옹이나 피죽 없이 매끄럽게 처리되어 있다. 특히 스프러스는 샌딩을 하면 아이보리와 비슷한 고운 흰색이 나오기 때문에 색을 입히지 않아도 되는 장점이 있다. 가격 역시 대량으로 수입을 하기 때문에 저렴했다.

물론 단점도 있다. 이 나무는 보관을 잘못하면 금방 휘어진다. 판재로 길이가 3600밀리미터이기 때문에 집에서는 보관이 어렵다. 그래서 소량으로 필요할 때만 구입하는데 문제는 또 있다. 소량으로 주문하면 배달이 안 된다는 점이다. 트럭이 없으면 불가능하다. 궁여지책으로 목재소에서 잘라서 가져오거나 승용차 스키 캐리어를 활용해 싣고 왔다. 가끔 트렁크를 열고 달려야 하기 때문에 경찰의 눈치를 봐야 하는데 한적한 시골길이라 자동차도 붐비지 않고 거리도 짧아 아직 교통벌칙 스티커를 뗀 적은 없다.

220

고르기보다는 수백 권의 책 중에서 맘에 드는 책을 고르는 게 쉽다는 사실이다. 선택의 폭이 너무 넓으면 결정이 쉽지 않은 게 인간의 본능인 것 같다.

여기에 덧붙여 좋은 책을 소개하는 방식도 중요하다. 이 책은 좋은 책이고, 조금 과장하면 평생, 그 정도는 아닐지라도 오랫동안 소장할 만한 값어치가 있다는 점을 알려주면 독자들은 책을 사간다. 그러나 그 믿음은 누가 어떻게 줄 것인가. 우리는 지인들의 전문성을 활용했다. 도서관 관장, 작가, 배우, 음악가 등 자기 세계를 가진 사람들이 함께 읽고 싶다고 추천하는 책의 목록을 받고 그들의 추천 평을 곁들여 전시했다. 다양한 직업만큼이나 다양한 종류의 책들을 추천했고 이 목록이 쌓이면 고스란히 우리 책방의 재산이 될 것이다.

이런 추천의 책들을 더욱 강력하게 부각시키는 방법이 있었으니 그게 바로 손글씨로 쓴 추천 띠지다. 띠지는 원래 출판사가 책을 광고하기 위해 책 아랫단에 덧붙이는 홍보지인데, 책을 구입할 때는 선택을 도와주지만 구입하고 나서는 대부분 휴지통에 버리게 된다. 이게 종이 낭비라고 해서 환경단체들을 중심으로 책에 띠지를 사용하지 말자는 캠페인을 벌이기도 했다.

아내는 어느 날, 이 책이 너무 좋다며 매번 똑같은 말을 되풀이하는 것도 입이 아팠는지 색지에 추천의 글을 써서 책 표지에 띠지를 씌우기 시작했다. 예쁜 손글씨로 이 책이 어떤 감동을 안겨주는지, 어떤 사람이 이 책을 읽으면 좋을지 자신의 느낌을 적어놓았다. 이 방법이 강력한 효과를 발휘했다. 띠지를 써놓은 책이

221

딱 한권만 소장하는 '내 인생의 책꽂이'

'내 인생의 책꽂이'는 딱 책 한 권이 들어가는 작은 책꽂이다. 평소 내가 즐겨 보거나 소중한 책, 평생 옆에 두고 읽고 싶은 책 한 권을 담아 자신의 생활공간 중 가장 편안한 장소에 놓아두거나 걸어두는 작은 책꽂이다.

솔직히 수많은 책 중 인생에 큰 울림을 주는 소중한 책은 몇 권 안 된다. 대부분의 책들이 세상에 나와서 나와 인연을 맺지 못하고 사라진다. 그럼에도 그 수많은 책 중에서 내 인생의 등불이 되어줄 양서를 찾은 독자라면 이 책꽂이를 하나 권한다. 이 책꽂이는 우리 책방에서 목공 체험으로 가장 인기 있는 상품이다. 어른도 좋아하고 아이도 좋아한다. 어른이라면 조용히 혼자 만들어 가게 돕지만 아이와는 책꽂이를 만들기 전에 대화를 나누곤 한다. 지금까지 본 책 중에 가장 기억에 남는 책이 무엇인지 물어보는데, 아이들의 답은 만화책이 가장 많다. 상관없다. 동화책이든,

그림책이든, 만화책이든 자신이 재미있게 보았고 기억 속에 남아있는 모든 책은 소중하니까. 책꽂이를 만들면 그 책을 넣어두고 자주 보라고 권한다. 그리고 다음번에 재미있는 새 책이 등장하면 다시 꽂아두고 보고, 다음번엔 또 바꿔서 꽂아보고, 그렇게 해서 마침내는 평생 자신의 곁에서 인생 독본이 되어줄 책 한 권을 발견하길 바란다.

작은 손으로 어찌어찌 내 인생의 책꽂이를 만들어가는 아이들의 얼굴에는 자부심이 가득하다. 나는 소망한다. 그 안에 꽂히는 책들이 아이들의 성장에 좋은 밑거름이 되어주기를. 그래서 오늘의 내가 있기까지 이 소중한 책 한 권이 옆에 있었다고 말할 수 있는 그런 사람으로 성장하기를.

규격: 가로 285 × 세로 75 × 높이 270(mm)
재질: 스프러스(가문비나무)

그렇지 않은 책보다 월등히 잘 팔렸다. 재미있는 것은 원래 책을 사면 이 띠지는 놓고 가야 하는데 다들 책과 함께 가져가고 싶어 했다. 도서관 선생님들은 자신들의 할 일을 덜어주어 고맙고, 친구나 가족들에게 책을 선물하기 위해 사는 사람들은 왜 이 책을 골랐는지 쓰여 있어서 좋다는 것이다. 덕분에 아내는 밤마다 책들을 껴안고 매일매일 새로운 추천의 글들을 써내고 있다.

피카소의 맛있는 식탁

집 주방에는 〈피카소의 맛있는 식탁〉이라는 책이 놓여 있다. 빵장수들이 '피카소 빵'이라고 부르곤 했던, 손가락처럼 마디가 있고 길쭉한 작은 빵을 식탁에 올려놓고 무언가를 응시하고 있는 피카소의 모습이 맛집과 식도락에 열광하는 우리에게 무언가

223

할 말이 있는 듯이 보이는 책이다.

> 매일 아침마다 하녀 아네스가 제일 먼저 들어왔다. 그녀는
> 카페오레, 소금을 치지 않은 비스코트 두 조각을 아침식사로 차려
> 들고 왔다. 그 뒤에는 사바르테스가 우편물과 신문을 가지고
> 들어왔다. 파블로는 쟁반에 놓인 아침식사의 배치가 마음에
> 안 든다고 불평부터 했다. 매일 음식 배치를 달리하는 아네스는
> 고개를 숙이며 방에서 나가버렸다.

재미있지 않은가. 음식의 맛이 아니라 배치를 먼저 살피는 화가의 변덕스러운 시선이. 우리 집 주방은 은밀한 사적 공간이 아니라 어쩌면 그토록 변덕스러울지도 모를 손님들을 맞는 열린 공간이다. 주방이란 가족만의, 특히 주부의 영역 아닌가. 안주인들의 권위를 절대 넘어서서는 안 되는 여자들의 공간. 내게 떨어진 명령의 전제는 두 가지였는데 하나는 원목 싱크대를 갖고 싶다는 것과, 주방을 답답하게 만드는 원인이 되는 상부 수납장을 빼고 그 자리를 선반으로 해달라는 것.

아내의 까다로운 요구 덕분에 지금 우리 주방은 책방을 찾는 모든 여성들에게 선망의 대상이 되었다. 이 역시 초보 목수 시절의 작품이라 자세히 살펴보면 허술한 구석이 많지만 일단 바라만 보기에는 아주 적절한 아름다움을 지니고 있다. 마치 카페처럼 디자인한 덕에 거실을 서점으로 개방한 이후에도 주방이 감춰야 할 존재가 되지 않은 건 매우 다행한 일이다. 방문객들이 많을 때 이곳은 훌륭한 티 룸이 되고, 북클럽 행사 때는 모두가 함

께하는 멋진 카페로 변신한다.

　가정집 주방이 아니라는 인상을 심어 주는 건 바로 식탁 옆 벽에 들어선 선반형 책장이다. 이곳에 각종 그림책 캐릭터들을 전시하고, 외국 여행 때마다 사 모았던 미니북 시리즈들을 올려놓아 이곳이 서점의 연장이라는 점을 분명히 했다.

계단 만화방과 앨리스의 다락방

계단 역시 우리 집에서 빼놓을 수 없는 책공간이다. 많은 이들이 아파트라는 단층 구조에서 살고 있기 때문인지 우리 집을 찾는 사람들 대부분이 아주 좋아하는 공간이기도 하다. 특히 아이들은 이 계단참에 앉아 책 읽는 것을 즐기는데 그 이유가 계단에 대한 로망 때문인지, 혹은 계단참에 곱게 배열해 놓은 만화책들 때문인지는 알 수 없다.

흔히 계단은 단순한 이동 공간으로 보고 간단히 액자만을 걸어 놓아 죽은 공간이 되는 경우가 많은데 마음만 먹으면 다양하게 꾸밀 수 있고 집 안에 활력을 불어넣을 수 있는 공간이다. 계단이 넓으면 벽면에 책장이나 선반을 걸어 놓거나, 계단 한쪽 끝에 책을 수평으로 쌓아 두어도 좋다. 또한 다른 한쪽 벽면은 조명을 달아 가족들의 다양한 사진을 걸어놓는 전시장으로 활용해도 훌륭하다. 그리고 요즘은 계단 바로 아래 공간을 책 수납공간으로 활용하는 사례가 늘어나고 있다. 이 공간은 의외로 많은 책을 수납할 수 있어서 장서가들이 자주 애용하곤 한다.

우리 집 계단은 두 개의 경사면으로 되어 있다. 첫 번째 경사면은 여덟 계단 정도인데 각각에 10여 권의 만화를 수직 혹은 수평으로 수납했다. 책을 놓고도 한 사람이 불편하지 않게 오르내릴 수 있는 공간을 고려한 권수다. 아이들은 어김없이 이 계단참에 앉아 만화책을 본다. 여학생들은 〈캔디〉를, 남학생들은 〈명탐정 코난〉에 이어 〈진격의 거인〉까지 넘보려 한다. 초등학생이 〈미생〉을 읽고선 감동 받았다 해서 과연 저 아이의 눈에 비친 인생의 모습이란 어떤 걸까 잠시 생각에 잠겼던 적도 있다.

계단 한쪽 벽면에는 그동안 우리 집을 방문한 손님들의 사진을 붙여 놓았다. 2014년 한 해 다녀간 분들이 어림잡아 6백여 명이다. 그 가운데 사진으로 기록을 남긴 이들의 흔적이다. 책방을 재방문하는 손님들은 사진 속의 자신을 발견하고는 기뻐하고, 잠시 그 순간들을 추억하기도 한다. 왜 내 사진은 여기 없느냐며 안타까워하는 분들의 항의가 있어서 최근에는 가급적 모든 방문객의 사진 기록을 남기려 애쓰고 있다.

조금 더 올라가면 계단 끝 부분에 선반을 하나 달았다. 공간이 크지 않기 때문에 적극 활용한 것이 바로 작은 선반이다. 선반마다 주제가 있는데, 이곳은 피터 래빗 코너다. 영국의 책방들을 돌아보면서 영국 사람들이 진심으로 피터 래빗을 좋아한다는 사실을 알게 되었는데, 그 이유를 피터 래빗의 작가 베아트릭스 포터의 집이 있는 윈더미어 지방을 방문하고서야 알 수 있었다. 이 작가는 작은 토끼 이야기로 수십만 평의 자연을 지켜내고, 고향 마을을 지켜냈다. 머리가 하얀 할머니 관광객들이 피터 래빗 기념관을 돌아보면서 소곤소곤 어릴 적 추억을 나누며 미소를 짓던 모습이 잊혀지질 않는다. 어릴 때 추억의 한 자락이던 그림책의 고향을 찾아 그 시절을 기억하는 노후의 삶. 우리 아이들은 나중에 흰머리 노인이 되어 어떤 작가의 집을 방문해 자신의 어린 시절을 추억할 것인가. 우리 숲속작은책방이 그 시절에도 살아남아 어린 시절 이곳을 방문해 밤늦도록 계단참에 앉아 책장을 넘기던 그 시절을 회고할 수 있는 추억의 공간이 될 수 있을 것인

가. 미래는 알 길이 없으니, 지금 이곳에서 할 수 있는 일에 진심을 다하는 것이다.

계단을 다 오르면 우리가 민박 손님들을 맞는 다락방이 나온다. 15평 정도의 넓이에 두 개의 방으로 구성되어 있다. 원래는 방이 하나, 거실이 하나인 구조인데 이곳은 우리 책방의 보물창고와도 같은 곳이다. 지난 십여 년간 아내가 엄청난 가산을 탕진하며 수집한 5백여 권의 팝업북과 아트북, 온갖 그림책 캐릭터 인형과 북아트 아이템이 모여 있다.

이 다락방에는 숨은 장치가 하나 있다. 바로 책꽂이 문이다. 밖에서 보면 그냥 책장으로 막힌 벽처럼 보인다. 이 앞에서 아이들에게 주문을 외우게 한다.

"책아 책아 사랑해, 책아 책아 사랑해, 책아 책아 사랑해."

세 번을 외치면 문이 스스로 열린다며 곧 들통 날 뻔한 장난을 치는 것이다. 알리바바의 마법 동굴을 떠올리는 아이들은 모두 "열려라 참깨"만 외쳐대지만.

사실 이 책장은 오래 전에 5만 원을 주고 산 중국산 소나무 책장이다. 거기에 튼튼한 경첩을 달고, 바닥에는 소리가 크지 않은 우레탄 바퀴를 달았다. 특별히 잘 만든 문은 아니지만 많은 사람을 즐겁게 하고 있다. 이 문을 열 때마다 사람들의 탄성이 나오는 것은 물론이다. 책꽂이가 열리는 것도 신기하고, 문이 열리고 나타나는 방의 모습도 정말 보물창고 같기 때문이다. 그래서 이 방을 '앨리스의 다락방'이라 이름 붙였다. '이상한 나라의 앨리스'를 워낙 좋아하는 아내가 앨리스에 대해 이것저것 모아놓은 자료들이 많기도 하고, 토끼굴로 떨어진 앨리스의 눈에 비친 이상

229

한 나라처럼 우리 다락방도 신기한 곳이라는 생각에서다.

이곳을 구경한 많은 분들이 이렇게 따라하겠다며 사진을 찍어 갔는데 결과가 궁금하다. 물론, 어느 순간 대형 출판사가 운영하는 홍대 앞 북카페에 가보니 엄청나게 커다란 책꽂이 문이 빙글빙글 돌아가며 열려 김이 좀 샜지만 말이다. 그래도 소박하고 작은 것이 주는 감동의 여운이 더 크지 않을까.

"우리 것이 좋은 것이여."

애써 웃어본다.

불 꺼진 다락방, 그림책이 살아있다

다락방의 문을 열고 들어가면 가장 눈에 띄는 것이 우측에 있는 그림책 캐릭터 전시 공간이다. 모리스 샌닥의 <괴물들이 사는 나라>의 주인공 맥스와 괴물들부터 우리나라 <엄마마중>에 등장하는 아기까지 국내외를 막론하고 다양한 그림책 캐릭터를 모아 전시하고 있다. 아이들이 매우 좋아하는 작품들이기도 하고 세계 각 나라의 대표 동화들이어서 도서관이나 어린이서점에는 조금씩 비치되어 있는 인형들이기도 하다. 그림책 캐릭터 수집품은 오랜 어린이도서관 운영의 산물이다. 처음 일본의 서점에 가서 이런 것이 있다니 하고 놀라워하며 하나둘 모으기 시작한 게 10여 년이 지난 지금 제법 많아졌다. 이제 해외에 나가면 서점에 들러 그 나라의 유명 그림책 캐릭터를 모으는 게 일이 되었다.

재미있는 건, 이 주인공들을 만나는 아이들의 반응이다. 어린 유아인데도 책을 다 아는 친구가 있는가 하면 초등학생인데도 읽어본 책이 많지 않은 아이들도 있다. 아는 게 나오면 눈을 반짝거리면서 말문을 트는 것이 모든 아이들의 공통점. 전시대 앞에서 눈이 반짝이는 아이와 그렇지 않은 아이들을 만난다. 책 주인공을 다 알고 있는 아이들은 대부분 도서관을 자주 이용하거나, 엄마가 도서관 활동가, 그렇지 않더라도 엄마가 책을 많이 읽어주는 아이들이다.

그런 아이들에게 우리 다락방은 참으로 신기하고 이상한 나라가 아닐 수 없다. 물론 갖고 놀기 보다는 아주 얌전히 보아주기만을, 꺼내서 만져보았으면 반드시 제자리에 놓아주기를 권하는 주인 말씀 덕에 물고 빨고 할 수는 없지만 인형들이 가득한 그림책 세상은 그 자리에 있는 것만으로도 행복한 경험이 된다. 혹시 이전에 이 그림책을 알지 못했던 아이들에게는 어쩌면 새로운 세상으로의 첫발이 열리는 순간일 수도 있겠다.

이곳을 경험한 이들이 공통적으로 던지는 질문이 하나 있다.

"없어지면 어떡해요?"

우리라고 같은 걱정이 왜 없었을까. 하나씩 하나씩 곶감 빼먹듯 없어져버려 어느 순간 전시대가 휑하니 비어버리면 어쩌지 하는 생각. 그러나 다행히도 이곳을 방문하는 이들이 모두 우리 같은 염려를 품고 있기 때문인지, 이 공간이 모두의 공간으로 살아남아야 한다는 공감 때문인지 없어진 물건이 크게 눈에 띄지 않는다. 간혹 보이질 않아 가슴이 철렁할 때가 있지만 구석구석 청소하다 보면 어디에선가 또 나타나곤 해서 아이들과 보물찾기 놀이를 하는 것처럼 느껴질 때는 있지만 말이다. 그래서 꼭 하는 말.

"제발 갖고 놀다가 꼭 그 자리에 좀 놓아주면 안 되겠니? 찾을 수가 없게 되면 너무 슬프니까."

우린 인내심이 부족해 영원히 찾지 못하는 보물찾기 놀이는 좋아하지 않는다고 오시는 분들에게 말해주고 싶다.

4부

그곳에
사람이 있다,
북스테이

백창화

235

손님이 오지 않는 집은 천사도 오지 않는다

여름휴가 2박 3일을 우리 집에서 보내고 싶다며 직장 여성 한 분이 민박 예약을 했다. 어렵게 얻은 휴가라 아무 것도 안 하고 책만 보면서 조용히 쉬고 싶다고 했다. 그러려니 했다. 그런데 정말이었다. 간단한 산책을 제외하곤 집을 떠나질 않았다. 하루 종일 정원에서 볕을 쬐거나 다락방에 머물며 잠을 자거나 책을 읽었다.

사회복지시설에서 일한다고 했다. 24시간 근무하고 24시간을 교대하는 형태로 아이들을 돌보는데 일손이 부족해 한 명이 쉬면, 다른 한 명이 꼬박 그 일을 떠맡아야 하는지라 평소엔 휴가를 쓸 수가 없다고 했다. 1년 중에 유일하게 허락되는 3일의 휴가. 그 시간을 우리 집에서 보낸 것이다. 휴가를 받으면 가장 하고 싶었던 일이 이렇게 아무 것도 하지 않고 좋아하는 책 한 권을 읽으면서 몸과 맘을 풀어놓는 일이라 했다. 괴산에서 보내는 지금 이 시간이 진심으로 행복하다고 했다. 그 손님을 보면서 마음속이 시큰했다. 불과 몇 년 전, 내 모습이 떠올랐기 때문이다.

몸이 많이 아팠다. 큰 병이 있는 건 아니었는데 과로와 스트레스로 마음이 먼저 지쳤다. 시골로 오기 몇 년 전 일이다. 원래 게으름을 즐기는 성격이라 무리해서 일하는 걸 제일 싫어하는데 맡은 일이 있어서 어쩔 수가 없었다. 머릿속이 잠시도 비지 않았고 뜻대로 되지 않는 관계들 속에서 매일매일 화가 나 있었다. 어느 날 남편이 내게 그 일을 그만두는 게 좋겠다고 했다. 그 말을 들고 문득 거울을 보니 퉁퉁 부어있는 성난 내 얼굴이 보였다.

당장 그만둘 수는 없는 노릇이니 짬을 내어 단 며칠이라도 아픈 몸과 맘을 달래면서 조용히 쉬었으면 싶었다. 참기 어려운 화를 식히고 스스로를 달래주고 싶었다. 인터넷을 열심히 뒤졌다. 잠시 일상과 떨어져 온전히 나만의 시간을 가질 수 있는 곳. '낯선 곳에 여자 혼자'라는 불안감, 혹은 쓸데없는 참견의 눈길이 따라붙지 않는 곳. 무엇보다 내가 좋아하는 책이 가득한 곳. 그러나 찾지 못했다. 그나마 내가 원하는 조건에 가장 근접한 곳은 대개 수련원이나 명상센터였다. 조용하고, 혼자여도 상관없고, 지친 몸을 달래주는 곳. 하지만 내키지 않았다. 뭔가 콕 집어 말할 수는 없지만 내가 원했던 게 그런 분위기는 아니었던 것 같다. 몇날 며칠 인터넷만 뒤지다 결국 포기하고 말았다.

자연 속에서 아름다운 정원과 책으로 가득한 집을 만들고 살면서 그때 생각이 많이 났다. 그때 내가 원하던 곳이 바로 이런 집이었다는 생각이 들었다. 어쩌면 나는 몇 해가 흘러서 그때 간절히 원하던 집을 스스로 만들고야 말았구나 하는 생각.

꽃들의 향기 가득한 정원에 책 한 권을 들고 앉아있으면 문득 지난날의 나와 같을 사람들이 생각났다. 그때 인터넷을 돌아다녔던 내가 이런 집을 찾아낼 수 있었다면 얼마나 좋았을까. 내가 느끼는 이 편안함과 행복감을 그런 이들과 나눈다면 좋지 않을까. 많은 염려와 주저 속에서도 과감하게 민박의 문을 연 것은 이런 과거의 나, 혹은 내 주변에서 고달프게 일했던 많은 활동가들의 얼굴을 기억했기 때문이다. 그리고 민박을 시작하자마자 뜻하지 않게 바로 그런 이를 손님으로 맞게 된 것이다. 갓 태어나 축복받지 못하고 버려지는 아기들, 그런 아기들을 맡아 돌보면서 정을 줄 수 없어 일부러 사무적으로 대해야 하는 사회복지사의 현실, 자기가 처한 현실을 알아채곤 금세 적응해 사람의 품을 그리워하지 않게 된 아기들을 돌보면서 그가 받았던 마음의 상처나 고통 같은 것에 대해 오래 이야기를 나누었다.

쾡한 얼굴을 하고 찾아와 여전히 마른 얼굴로 돌아갔지만 그 손님의 모습이 오래 잊혀지지 않는다. 책이 있는 집에서의 이틀 밤이 그에겐 어떤 의미였을까? 휴가 내내 그가 들고 있던 시몬느 베이유의 책 속에서 그는 앞으로 또 1년을 잘 살아낼 수 있는 힘을 얻고 갔을까?

사람들은 모두 묻는다.
"민박이라니…… 너무 힘들지 않아요?"
사람을 가장 힘들게 하는 게 바로 사람이란 걸, 특히 갑이 되어 영업장을 찾아오는 손님이란 걸 우리는 모두 알고 있다.
"힘들지 않다면 거짓말이겠죠."
책방 민박집은 여느 숙박업소와는 달라서 손님이 오면 열쇠 하나 넘겨주고 끝나버리는 관계가 아니다. 호텔은 말할 것도 없거니와 가장 보편적인 형태의 숙소가 되어버린 펜션도 주인과 손님이 관계를 맺을 여지는 별로 없다.
그러나 책방 민박은 주인 부부가 살고 있는 가정집이다. 아래 층엔 엄연히 주인이 있고 손님은 객이 되어 이층 다락방에 잠시 머물 뿐이다. 욕실과 화장실도 같이 써야 하고 주방도 빌려 써야 한다. 돈을 내고 왔지만 속옷만 입은 채 돌아다닐 수도 없는 불편하기 짝이 없는 공간이다. 손님도 불편하지만 주인도 불편하긴 마찬가지다. 힘들지 않다면 거짓말, 거짓말, 거짓말!

그러나 이 일을 계속할 수 있는 이유는 이곳을 찾는 모두가 천사들이기 때문이다. 진짜 천사이거나 혹은 변장한 가짜 천사.

진짜 천사들은 자신의 지갑을 털어 이곳을 방문하면서도 올 때 한가득 선물을 사들고 오고, 맛있는 요리로 우리를 대접하기도 하고, 연신 고맙다고 인사를 한다. 마치 우리가 사회사업가가 되어 공짜로 그들을 재워주기라도 하는 것처럼 그들은 우리에게 극진하기만 하다.

세상에 머무는 천사들이 이렇게 모두 다 한눈에 알아볼 수 있다면 구원받지 못할 이가 어디 있으리. 우리는 가끔씩 드물게 찾아오는 변장한 천사도 알아볼 수 있어야 한다. 이들 변장한 천사들은 천국에 가기 위해서는 우리가 좀 더 인내심을 키워야 한다는 걸 알려주곤 한다.

'가난한 이에게 한 것이 곧 내게 한 것'이라는 성경 구절처럼 이들 변장한 천사들에게 웃음을 잃지 않고 정중히 대접해서 보낼 때 천국으로 가는 길은 한 걸음 더 가까워질 것이다. 그러나 가끔 우리는 변장한 천사들을 잘 알아보지 못하고, 그들이 '진상 손님'이라는 옷을 입고 찾아와 우리를 힘들게 할 때 웃음 대신 짜증을 보인다. 그리하여 구원의 길은 아직 멀다. 그러니 더 열심히 더 오래도록 손님을 맞아야 할 것이다.

'손님이 오지 않는 집은 천사도 오지 않는다. 이슬람 속담이다.' 변장한 천사들이 찾을 때마다, 얕은 마음이 쉽게 드러나 갈라진 바닥이 보일 때마다 이문재 시인의 시 '집'을 속으로 되뇌인다. '천사가 찾지 않는 집은 손님도 찾지 않는다. 먼 사막의 경구이다.' 숲속작은책방은 오늘도 천사를, 그리고 손님을 기다린다.

일본 키조
그림책마을

자연 속에
동화와 어린이의 마음을 담은
그림책의 고향

우리들에게 깊은 인상을 남겨준 서점의 롤모델이 프랑스 파리의 셰익스피어앤컴퍼니였다면 자연과 책 속에서 하룻밤 머물다 가는 '마음의 집' 롤모델은 일본에 있는 '키조 그림책마을'이다.

일본의 남쪽 끝, 규슈 중에서도 아래쪽에 자리한 미야자키현. 평범하지만 자연이 아름다운 시골 마을에 1996년 동화 같은 그림책마을이 들어섰다. 쇠락해가는 농촌 마을을 살리고자 '마을 부흥운동'으로 시작한 그림책마을 만들기 프로젝트. 조용했던 시골 작은 마을에 그림책카페와 책방, 그림책도서관과 소극장, 휴양을 위한 오두막 펜션, 그리고 자연과 인간이 하나 되어 어우러지는 야외 공연장, 물의 무대와 숲의 무대가 만들어졌다. 소박한 공간이지만 자연을 억지로 거스르며 욕심내지 않아 땅과 숲, 나무와 사람, 하늘의 해와 별이 고스란히 우리 가슴에 들어와 안기는 키조 그림책마을은 이야기가 살아있는 숲 속 동화나라다. 찾는 이 없던 시골 마을은 일본뿐 아니라 멀리 한국과 외국 여러 나라에서도 수만 명의 관광객들이 동화를, 동심과 휴식을 찾아 방문하는 규슈 최대의 문화 중심지가 되었다.

키조 그림책마을을 이야기하려면 마을 촌장 쿠로키 이쿠토모 씨 이야기부터 시작해야 한다. 어려서부터 자기가 나고 자란 고향의 아름다운 자연을 소중히 지켜가고 싶었다는 쿠로키 씨. 젊은이들이 마을을 떠나고, 농촌 마을은 점점 쇠락하며, 노인들만 남은 시골에는 돈도 사람도 없어져 삶의 기쁨이 사라저만 갔다. 마을을 다시 살리기 위해 무엇을 해야 할까? 지방자치단체 공무원과 마을 주민들의 고민이 깊어갈 때 쿠로키 씨는 "이곳에 그림책마을을 만들자"고 제안했다.

243

마을 전체의 약 80퍼센트가 산으로 이루어진 깊은 산골에 그림책마을이라니, 마을 주민 숫자 만큼이나 많은 이야기들이 오고 갔으리라는 것은 보지 않아도 짐작할 수 있다. 그럼에도 불구하고 결국 마을을 만들어낸 것은 쿠로키 씨의 고집과 집념, 그에 감동한 마을 주민의 전폭적인 협력 덕분이었을 것 같다. 마을 부흥 프로젝트를 시작한 후 중앙정부, 미야자키현, 키조마을이 각각 삼등분하여 재정을 마련하기로 했고 1996년 4월에 숲 속 그림책도서관, 숲 속 책방, 그림 연극 오두막 등의 시설로 이루어진 키조 그림책마을을 완성했다.

사람들에게 찾아오라고 광고하고 애써 알리지 않아도 이곳이 문화를 만들어내고 문화를 전파하는 문화의 발상지가 된다면 세계 사람들이 그 문화를 흡수하기 위해 절로 찾아올 것이라는 게 쿠로키 촌장의 신념이었다.

미야자키현 키조마을에 그림책마을을 조성할 때 쿠로키 촌장은 세 가지 원칙을 생각했다.

첫째, 자연을 지킨다.

둘째, 그림책도서관이 자연을 훼손해서는 안 된다.

셋째, 아이들에게 가장 소중한 것은 자연의 체험. 책 읽는 것보다 자연을 느끼는 시간을 즐기게 하는 곳이고 싶다.

세 가지로 나누어 말했지만 이는 결국 하나다. 바로 자연. 이곳 그림책마을을 걷다보면 왠지 다듬어지지 않았다는 느낌을 받는다. 그건 마당의 풀 하나도 쉽게 뽑아 버리지 않는 자연과의 공존

정신 때문이다. 그림책마을이 생기기 전, 마을 사람들은 대개의 시골 사람들이 그렇듯 자연에 대해 크게 인식하지 못했다고 한다. 늘 자연과 더불어 살아왔기 때문에 특별한 것이 아닐 뿐더러 때로 자연은 불편한 것이기 때문이다. 하지만 이제 사람들은 자연을 이용하고 자연을 사랑하는 방법을 배우며 자연이 아름답게 보존된 마을에 자긍심을 갖게 되었다. 이 마을에 와서 살고 싶다는 사람도 점점 늘어나고 있다고 했다.

이곳에서 내게 강렬하게 부딪쳐 왔던 것은 바로 쿠로키 씨의 말이다.

"나는 책보다 자연이라고 생각합니다. 근대화 이후 자동차와 네트워크에 의존하면서 어린이들이 자연으로부터 단절된 것이 안타깝습니다. 아이들이 문자화된 언어를 배우기 전에 흙과 바람, 태양의 빛과 소리, 자연의 색 이런 것들을 오감으로 먼저 익혀야 하는데 요즘 아이들은 그런 걸 느껴볼 기회가 없습니다. 그

림책마을은 어린이들에게 잃어버린 마음과 생명의 소리를 다시 찾아주고 싶어 만들게 되었습니다. 그림책이 어린이만 보는 것이 아니듯, 그림책마을 역시 어른들이 잃어버린 어린 시절을 다시 찾는 곳이 되길 바랍니다."

그러면서 그는 방정환 선생님의 말씀을 인용했다. '아이들은 뜨는 해를 보고 지는 해를 보며 살아야 한다'는 한국의 아동문학가의 글에 큰 감동을 받았다는 것이다.

멀리 한국에서, 또 세계 곳곳에서 사람들이 키조 그림책마을을 찾는 이유는 또 있다. 그건 바로 이곳이 '스토리텔링'이 살아 있는 공간이라는 점이다. 기본 건축부터 인테리어 하나, 소품 하나, 공간 구성에 이르기까지 모든 것을 일관된 철학과 이야기를 바탕으로 꾸민 공간으로, 보기 좋고 예쁘고 그럴듯한 것들을 마구잡이로 이식해서 꾸며놓은 공간과는 차이가 있을 수밖에 없다. 공간에 살아 있는 이야기들이 우리의 귓가에 소근소근 사연을 전해주는 그림책마을은 그만의 독특한 생명력을 갖고 있다.

이곳을 관통하는 핵심 키워드가 '자연'이라면 그 안에는 캐릭터들이 살아 움직이고 있다. '하늘'과 '달'과 '별'이다. 그림책도서관 안의 책상과 의자는 모두 달과 별 모양이다. 그 어떤 가구도 똑같은 크기, 똑같은 모양이 없다. 한 장의 설계도로 찍어내듯 뽑아낸 디자인이 아닌 것이다. 의자 크기도 다 다르고, 좌석 높낮이도 다르고, 등받이 높낮이도 각기 다르다. 의자 등받이 뒤에는 오밀조밀 구멍들이 뚫려 있다. 자세히 들여다보니 모두 다 별자리 모양이다. 벽에는 별을 따기 위해 하늘로 오르는 사다리가 길게

있고 아가들이 엄마와 함께 앉아서 책을 보는 책상은 조각달의 모습이다.

　도서관 한쪽 벽이 온통 까맣게 되어 있어서 왜 그럴까 궁금했는데 그건 바로 거대한 미닫이문이었다. 까만 미닫이문을 옆으로 밀어 열자 그대로 바깥과 연결되어 나무로 만든 데크는 무대, 무대 뒤편으로는 자연스럽게 관객석이 만들어지고 있었다. 안과 밖을 연결해 사람과 자연이 나누어지지 않고 하나로 소통하게 만든 도서관 구조가 매력 있었다. 평소에는 책을 읽는 도서관이었다가, 높은 천장의 조명을 밝히고 문을 열면 야외 공연장이 되는 복합 구조를 갖추고 있었던 거다. 이곳이 바로 '숲의 무대'다. 나중에 내가 시골에 책마을을 만들면 반드시 이것만큼은 따라하리라 생각했지만 아쉽게도 꿈을 실현하지 못하고 있다. 숲의 무

대를 벗어나 저 멀리 호숫가에는 '물의 무대'가 있고 마지막으로 산 위쪽에는 '하늘의 무대'가 자리 잡고 있다.

키조 그림책마을의 포스터를 보면, 지구라는 별에서 그림책을 펴든 아이들이 우주로 교신을 보내는 그림이 실려 있다. 아이들이 그림책 읽는 소리는 저 먼 우주 어느 별에 가 닿을까?

아주 작은 지구라는 별에 살고 있는 먼지 같고 유한한 우리 존재가 말할 수 없이 광활한 우주 속에서 영혼의 언어로 소통할 때 비로소 우리 삶이 유의미하다는 사실을 말해주는 듯한 이 포스터가 정말 맘에 들었다. 키조 그림책마을의 정신을 이 한 장의 그림이 다 말해주고 있었다.

그리고 정말로 중요한 사실 하나. 그림책마을 안 서점에서는 무척이나 많은 책이 팔리고 있었다. 일본은 도서정가제를 지키고 있고 할인 판매가 많지 않아서 사람들은 이렇게 지역의 서점에서 책을 산다고 한다. 특히 그림책마을이라는 의미 있는 장소를 방문해서 그곳에서 책을 사가는 건 이곳의 추억을 그대로 집까지 안고 가는 것과 같기에 방문객들은 꼭 책 보따리를 싸들고 간다. 방문객이 구입하는 책의 매출이 이곳 운영에 큰 힘이 되고 있다.

물론 방문객 매출만으로 이 넓은 그림책마을을 유지 운영할 수는 없을 터. 이 지역 학교 도서관들도 모두 여기에서 책을 구입하고 있다. 그림책마을이 추천하는 책이라면 무조건 믿을만하다는 신뢰로 도서의 선정과 구매를 모두 맡긴 덕분에 서점의 도서 매출이 그림책마을의 가장 큰 수입원이 되어 탄탄하게 밑받침하고 있다. 부러운 일이 아닐 수 없다.

한국에서 어린이책과 관련한 일을 하는 많은 사람들이 이곳을 다녀갔다. 그리고 한국에 꼭 이런 모습의 그림책마을이 생겼으면 좋겠다는 소망들을 품었다. 우리도 예외는 아니었다. 그러나 아직 한국에 이런 아름다운 동화의 혼이 아로새겨진 그림책마을은 생기지 않았다. 그림책 공화국을 꿈꾸는 남이섬이 비슷한 맥락 위에 서 있을까? 그러나 두 마을 사이의 간극은 너무나 커서 키조를 보고 상상한 그림책마을은 여전히 꿈으로 남아 있다.

우리가 꾸고 있는 꿈을 현실로 만든 쿠로키 촌장의 소원은 자연과 더불어 이 아름다운 그림책마을이 오래도록 살아남기를 바라는 것이다. 한국에서 온, 한국의 그림책마을을 꿈꾸는 우리들과의 만남이 끝날 무렵 그는 이런 말로 마무리를 했다.

"내 발 밑의 벌레와 풀 한 포기를 소중하게 여길 줄 알고 마음속에 자연과 생명의 책을 갖고 있다면 어디든지 바로 그곳이 가장 빛나는 당신의 자리가 될 것입니다."

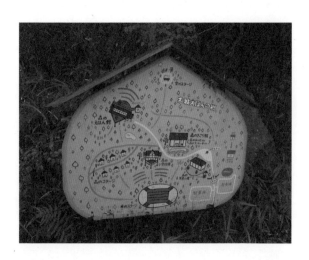

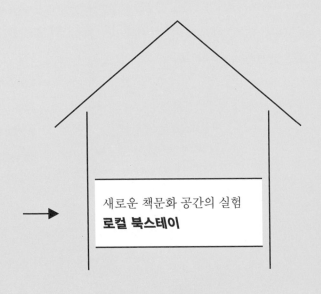

새로운 책문화 공간의 실험
로컬 북스테이

이야기의 숲으로, 책과 함께 떠나는 여행
— local BOOKstay

북스테이는 책과 예술을 사랑하는 이들이 머물 수 있는 작은 공간들이
함께하는 로컬 네트워크다. 책을 중심으로 지역의 삶과 문화를 체험할 수
있는 특별한 공간으로 출판, 연극, 미술 등 다양한 문화예술 프로그램을
함께 운영한다.

글로벌 인생학교

파주 헤이리 모티프원

"모티프원은 하룻밤 눈을 붙일 침대가 아니라 '자신의 발견과 긍정적인 변화'가 더 큰 목적인 곳입니다. 모티프원에서의 하룻밤이 부디 자신들 속에 잠든 가치와 가능성을 발견하고, 다양한 만남과 대화를 통해 보편적 가치를 새롭게 인식하는 계기가 되어 앞으로 다가올 자신의 삶이 몇 도쯤 달라질 수 있는 계기가 되길 원합니다."

시골 마을에 서점과 민박을 만들고, 책과 잠자리를 판다고 하자 우리들의 독특한 실험을 궁금해 하는 이들이 찾아오기 시작했다. 그중에는 우리처럼 책을 좋아해서 책과 관련한 공간을 만들고 싶은데 어떻게 수익구조를 이뤄야 할지 고민하는 이가 많았다. 작은 도서관은 비영리 공간이고, 서점은 도저히 이익이 날 것 같지 않은데, '민박'이라는 아이템은 요즘의 '게스트하우스' 붐과 맞물려 수익사업으로 적절하지 않을까 생각하는 것 같다.

틀린 말은 아니다. 그러나 무엇보다 중요한 점이 있다. '책이 있는 집에서의 하룻밤'이라는 카피를 내걸었을 때 단순히 인테리어의 배경으로서 책이 가득한 집에서 하룻밤 머물고 가는, 수익률 높은 이색 숙박업소를 생각했던 게 아니다. 우리는 책이 있는 집에서, 사람들이 만나고, 그 만남을 통해 삶의 의미를 되새기는 인문 공간으로서 '북스테이(Book Stay)'를 생각했던 것이다.

우리를 시민이라고 부르던 때가 있었다. 어느 시점엔가 이것이 바뀌어 이제 우리는 모두 소비자라고 불린다. 나는 이 변화가 별로 마음에 들지 않는다. 왜냐하면 내 생각에 시민권은 권리와 책임을 암시하지만 소비주의는 대부분 쇼핑만을 의미하기 때문이다.
(<나의 아름다운 책방>, 로널드 라이스, 현암사)

여행길에서 하룻밤 잠자리를 사고파는 소비 행위가 아니라, 책과 사람을 만나는 '독서 시민' 혹은 '문화 시민'들의 만남과 교제가 있는 공간. 이런 공간을 꿈꾸었고 실제로 운영하면서 우리뿐 아니라 많은 이들이 이것을 원하고 있었다는 걸 알았다. 그리하여 이런 공간이 전국에 많이 있었으면, 아름다운 책의 정신을 담은 숙박 공간이 자꾸 생겨나서 외국이 아니라 국내에서도 책으로의 여행이 가능했으면 하는 생각을 했다. 이런 공간들끼리 네트워크를 만들어 의미 있는 활동을 함께 진행하고, 사람들 속에 잠자고 있던 '시민성'을 깨워낼 수 있다면 참 좋겠다는 생각도 했다.

2014년 겨울부터 뜻을 같이하는 공간들끼리 마음을 모았고 '책이 있는 집에서 하룻밤, 북스테이' 네트워크를 만들었다. 모임을 만들 때 첫 번째 동반자로 떠올린 곳이 바로 파주 헤이리 예술마을 안에 있는 게스트하우스 '모티프원'이었다. 이곳 대표 이안수 선생님은 초보 숙박업자인 우리 부부에게는 '구루(Guru, 존경하는 영적 스승)'와 같은 분이다.

모티프원과 이안수 선생님을 처음 알게 된 건 아마도 8년쯤 전인 것 같다. 한국어린이도서관협회와 소속 도서관 몇 곳이 일본에 있는 조선학교와 교류활동을 시작했을 때였다. 조선학교는 재일동포 3, 4세들이 우리말과 우리 역사를 배우는 곳이다. 일본

에서 우리말을 공부하는데 우리말로 된 좋은 책이 없어서 어려움을 겪고 있다는 말을 전해 듣고 어린이책 작가와 출판사들의 도움을 얻어 책 보내기 활동을 했다. 일본으로 직접 건너가 조선학교를 방문해 아이들에게 책을 읽어주면서 교류가 활발해졌고, 일본에서 태어나 조국을 알지 못하는 아이들에게 우리나라를 체험할 수 있는 기회를 만들어주고 싶었다. 그래서 조선학교 어린이들과 한국 어린이들이 함께하는 '통일캠프'를 기획했다. 문제는 비용이었다.

20여 명 어린이들이 숙식을 함께하면서 캠프 활동을 하는 데는 많은 경비가 필요했고 작은 도서관과 뜻을 함께하는 이들이 십시일반 마음을 모았다. 가장 어려웠던 게 숙소 문제였다. 그때 우연히 이안수 선생님을 소개받았는데, 이야기를 들은 선생님은 우리가 원하는 건 뭐든 할 테니 아무 염려 말고 헤이리로 아이들을 데려오라 하셨다. 덕분에 헤이리의 여러 시설을 무료로 관람하고 체험할 수 있었고 오픈한 지 얼마 되지 않아 깨끗했던 공간에 우리 아이들의 조금은 거친 발자국을 남길 수 있었다. 그 후로도 여러 번 비슷한 이유로 신세를 졌다. 참 고마운 일이었다. 그때부터 모티프원은 내게 잊을 수 없는 곳이 되었다. 나도 선생님의 이런 넉넉한 마음 씀씀이를 배워 꼭 따라하리라, 다짐도 했다.

그로부터 10년 가까운 세월, 모티프원은 70여 나라에서 총 2만여 명의 유명 예술가와 여행자가 다녀간 명소로 자리매김을 했다. 영국의 파이낸셜타임즈와 론리플래닛을 비롯, 해외와 국내 유수의 방송과 신문, 잡지, 단행본 등에서 숱하게 소개하기도 했다.

처음 만났을 때나 지금이나 한결같이 변함없는 모습으로 자리를 지키고 있는 품격 있는 문화예술 공간, 모티프원. 파주 헤이리 예술마을 촌장으로 지역 예술의 구심점 역할도 함께하고 계신 이안수 선생님의 입을 빌어 그곳이 어떤 공간인지 직접 들어본다.

'모티프원(motif#1)' 이름에 담긴 뜻

'나를 살아 있게 만드는 최고의 이유' 즉, '삶의 제 1 동기'를 의미합니다. 이 공간에 머무르는 모든 분들이 전 생애에 걸쳐 자신의 가장 중요한 화두에 답을 얻을 수 있으면 좋겠다는 마음을 담은 이름입니다.

"방에 오기까지 4시간"

모티프원을 방문한 가족께서 남겨놓은 방명록의 내용입니다. 손님이 오시면 1층의 서재로 안내합니다. 예약 내용을 확인하고 모티프원 공유 공간의 이용방법과 헤이리와 헤이리 인근의 공간과 시설들에 대한 특징과 이용시간을 알려주고 예약한 방으로 안내해서 공간 안내를 하는 것으로 체크인이 끝이 납니다. 보통은 10여 분이면 끝이 날 이 체크인 과정이 모티프원에서는 조금 다릅니다. 서재에서 예약한 자신의 공간으로 가기까지의 시간이 어떤 경우는 한두 시간이 되기도 하고 심한 경우는 서너 시간이 되기도 합니다. 이 방명록의 주인공은 후자의 경우인 셈입니다. 서재에서 객실까지 10~20미터. 그러나 실제 자신의 공간으로 가기 전에 4시간쯤 서재에서 대화로 보낸 경우도 적지 않았습니다.

257

모티프원은 만남의 장소입니다

첫째는 자신을 만나는 곳이고, 둘째는 책을 만나는 곳이며, 셋째는 타인을 만나는 곳입니다.

첫째 만남은 자신의 공간에서 문을 닫고 침잠하는 것으로 그동안 일상에서 잊어버렸던 자신을 불러내 스스로와 명징하게 대면할 수 있습니다.

둘째는 '라이브러리0'와 각 방에 비치한 1만 2천여 권의 책을 통해 과거의 현인과 미래의 변화들을 만나는 곳입니다. 그러므로 이곳은 독서하기 좋은 곳입니다.

셋째는 한 지붕 아래에서 하룻밤 함께하는 분들과의 대면과 대화를 통해 진정을 나누는 곳입니다. 자신의 방에서 혹은 서재에서 자신의 거울과 같은 상대의 이야기에 귀를 기울이고, 타인과의 직접적인 대화를 통해 내가 달라질 수 있는 시간을 갖습니다.

모티프원은 경계 없는 학교, 글로벌 인생학교입니다

세계 각국에서 사람들이 찾아와서 그분들은 저를 향해, 저는 그분들을 향해 보다 낮은 마음으로, 그리고 가장 진솔한 방법으로 대화를 나눕니다. 모티프원의 한 지붕 아래에서 하룻밤 혹은 그 이상의 담론 시간과 스스로를 숙성하는 시간을 갖고 나면 각자 삶의 지향점이 몇 도쯤 변합니다. 모티프원이 학교인 이유입니다. 모티프원은 제게 울타리 없는 대학과 대학원이며, 마음속 의단(疑端)을 푸는 실마리를 제공하는 강원(講院)이자 서원(書院)입니다. 함께하는 모든 분들이 또한 그리되어 공간이 확장되고 시간이 응축된 체험을 가지고 각자의 자리로 돌아가기를 소망합니다.

모티프원

모티프원에는 텔레비전이 없다. 대신 서재에 1만 2천여 권의 책이 있고 방마다 수백 권의 책이 있다. "이 책을 사가지고 갈 수는 없나요?" 책이 준 설렘을 지속하고 싶은 이가 흔히 말한다. 그분들을 위해 네 칸짜리 서가의 작은 서점이 있다. 이름은 '사가독서(賜暇讀書)' 세종이 젊은 문신들에게 독서 휴가를 주었듯 스스로 자신에게 독서 휴가를 주라는 의미를 담았다.

모티프원의 방문객들은 자신을 요동치게 했던 책 한 권씩을 추천하고 떠난다. 그 책이 '사가독서'의 서가를 채운다.

주소 경기도 파주시 탄현면 헤이리마을길 38-26

전화번호 010·3228·7142, 031·949·0901

홈페이지 www.motif.kr, www.travelog.co.kr

작은도서관은 책을 매개로 지역 주민들의 일상과 다양한 문화예술이 만나는 커뮤니티 공간이다. 다소 사무적이고 딱딱한 도서관의 고정관념을 깨고 책으로 가득한 작고 안락한 공간에서 하룻밤 머물며 시공간을 뛰어넘는 책과의 대화를 나눠본다면 더없이 행복한 추억이 되지 않을까.

고창
책마을 해리

파주
평화를 품은 집

일상으로서의 책문화 커뮤니티를 일궈가는 도서관 북스테이

광주
동네책방 숨

260

괴산으로 이주하기 전 몇 해 동안 우리 부부는 수많은 곳을 돌아다니고 수많은 사람들을 만났다. 비슷한 꿈을 꾸고 있는 사람들, 우리보다 한 발 앞서간 사람들, 혹은 앞서거니 뒤서거니 귀촌을 준비하고 있는 사람들. 한국에 책마을을 꿈꾸고 있다는 사람들까지. 하는 일도 성격도 다 달랐지만 꾸고 있는 꿈의 크기만큼은 어디 내놓아도 빠지지 않을 그런 이들이었다. 그리고 언제인가 우연한 모임 자리에서 역시 비슷한 꿈을 갖고 있던 이들과 같이 식사를 한 적이 있다. 그이들은 아주 막연했던 우리 부부와는 달리 뭔가 개성 있는 계획안을 갖고 있어서 한 팀은 이미 땅을 사두었고, 한 팀은 고향에 정해진 자리가 있었다. 몹시 부러웠다. 저렇게 구체적인 방향을 잡고 있는 이들의 등 뒤에 슬며시 붙어가고 싶은 마음이었다.

그런 만남이 있고 10년이 넘는 시간이 훌쩍 지났다. 그사이 많은 일들이 있었고 그들과 우리는 서로의 삶터에서 각자 붙들고 있는 꿈들을 일궈가며 같은 길 위에 서 있는 동료로서 격려와 응원을 나누고 있다. 바로 경기도 파주에 있는 '평화를 품은 집'과 전북 고창에 있는 '책마을 해리'가 그들이다.

2014년 문을 연 '평화를 품은 집'(줄여서 흔히 평품집이라고 말한다)은 제노사이드 역사자료관, 평화와 인권을 주제로 한 책들을 갖추고 있는 평화도서관, 소극장과 다락갤러리를 갖춘 알찬 공간이다. 여기 더해 '평화책'을 출간하는 출판사를 운영하고 천연발효 빵을 만드는 브레드 카페까지, 품고 있는 영역이 만만찮다. 출판 일을 오랫동안 해왔던 명연파(평품집 집장), 작은도서관 활동가인 황수경(평화도서관 관장) 부부의 오랜 전문성과

활동이 밑받침되지 않았다면 불가능한 일이었을 것이다. 거기에 북스테이를 추가했다.

이곳은 아직 개인 숙박이 가능한 숙소는 없다. 대신 '도서관에서 하룻밤'이라는 개념의 도서관 스테이가 중심이다. 평화도서관 자체가 바닥 난방이 되는 편안한 시설에 아이들이 숨어들고 싶어하는 아기자기한 비밀의 공간으로 구성되어 있어서 단체 숙박에 좋은 구조다. 어린이 청소년들의 숙박 캠프를 비롯해 독서 활동가나 도서관, 출판 관계자들이 하룻밤 머물며 워크숍을 갖기에도 좋다. 무엇보다 평품집을 품고 있는 파주 파평산 너른 자락 아래 펼쳐진 숲 산책로와, 전망 좋은 야외 데크에서 바라보는 풍광이 너무 아름답다.

> **평화는 친구를 새로 사귀는 거야.**
> **평화는 누군가를 아프게 했을 때 미안하다고 말하는 거야.**
> **평화는 네가 사랑하는 누군가를 생각하는 거야.**
> **평화는 밥을 나눠 먹는 거야.**
> **평화는 모두에게 집이 있는 거야.**
>
> **(<평화책>, 토드 파, 평화를품은책)**

그림책 작가 토드 파의 짧은 글과 그림이 깊은 울림을 주는 '평화책'을 또박또박 큰 목소리로 낭송하며 도시와 멀리 떨어진 이곳에서 하루쯤 전쟁과 학살의 기억들을 들여다보고, 우리가 지켜야 할 평화란 과연 무엇일까 생각해보는 기회를 갖는다면 참 좋겠다.

바다와 가까운 시골 마을에 자리한 '책마을 해리'는 '농사짓듯 책을 짓는 마을'이다. 한때 '나성초등학교'였던 이곳은 폐교 후 오랫동안 시간 속에 갇혀 있었다. 전 국민이 어려웠던 시절, 자신의 조부와 부친이 돈과 힘을 모아 일구었던 고향 학교가 폐교로 방치되는 게 안타까웠던 이대건 씨는 닫힌 시간의 문을 열 듯, 학교 문을 다시 열었다. 2006년부터 폐교를 고쳐 책학교를 열기 시작했고 2012년에는 부인 이영남 씨와 어린 자녀 등 온 가족이 내려와 정착하며 더 적극적으로 책마을 만들기를 이어갔다.

고창의 갯벌부터 염전, 고인돌, 판소리, 동학 같은 고창의 생태, 문화, 역사, 예술을 체험한 후, 책으로 엮는 출판캠프는 이곳의 대표 활동이다. 이를 위해 책의 기본 재료인 종이, 특히 우리 한지를 만드는 과정을 체험하고 지금은 사라져가는 활판인쇄기 등을 경험함으로써 아날로그로서 종이책이 갖고 있는 신비한 아름다움을 느껴볼 수 있도록 공간을 구성했다.

책숲시간의숲, 바람언덕, 종이숲, 버들눈작은도서관, 책감옥, 마을사진관, 한지공간과 활자공간, 마을책방에 이르기까지 학교 뒷산과 운동장을 비롯한 구석구석을 책마을이라는 이름에 걸맞게 다양한 공간들로 꾸몄다. 작은도서관에서는 개인 텐트를 설치해 도서관 스테이를 하는 게 가능하고, 공간이 넓은 만큼 어린이 청소년들의 독서캠프가 활발하다.

단체 숙박 외에도 이곳은 개인 북스테이도 할 수 있는데 '꽃피는 민박'이라 이름 붙인 집에선 알도방, 프레드릭방, 맥스방 등 우리가 좋아하는 그림책 주인공 이름을 붙인 방들에서 하룻밤 달콤한 책잠을 청할 수 있다.

265

성장해 도시로 나갔던 마을 청년의 귀향은 고향 사람들에게 새로운 기쁨을 선사했다. 마을학교를 통해 지역 어린이와 청소년을 비롯해 글을 알지 못했던 어르신들까지도 시를 짓고 내 이름을 품은 책의 저자가 되는 행복을 맛보았다. 학교가 문을 닫으면 지역의 이야기가 사라지고, 학교가 유지되는 한 마을은 없어지지 않는다는 사실을 증명해 보인 책마을 해리의 아름다운 도전이, 책마을 가득 탑처럼 쌓여있는 10만여 권 서가처럼 놀랍고 또 부럽다.

2016년 광주에 새로 문을 연 '동네책방 숨' 역시 평화를 품은 집이나 책마을 해리처럼 작은도서관을 기반으로 책방, 그리고 북스테이까지 확장해나가고 있는 곳이다. 원래 이곳은 2011년 작은 교회이면서 작은도서관과 북카페가 중심인 복합문화공간으로 문을 열었다. 그동안 교회, 도서관과 카페가 적당히 역할을 나누면서 지역 문화 커뮤니티를 만들어가고 있었는데 숲속작은책방을 비롯해 새롭게 생겨나는 작은 책방들을 보면서 2016년, 북카페를 '동네책방 숨'으로 재단장한 것이다. 아마도 카페라는 형태가 어쩔 수 없이 소비적인 외양을 취할 수 밖에 없는 것과 달리 서점은 좀 더 인식의 외연을 넓힐 수 있다고 생각한 것은 아닐까.

'숨'을 처음 찾아갔을 때 공간을 보고 우리는 좀 놀랐다.

먼저 작은도서관, 이 공간에 놀랐다. 전국에 수많은 사립 작은도서관들이 있지만 어딘가의 지원 없이 자체적으로 이렇게 멋진 도서관 공간을 완성시킨 곳은 흔치 않다. 건물을 지을 때부터

1층에 도서관을 둘 것을 염두에 두고 지었기 때문에 공간 구성과 그에 짜맞춘 서가가 일관성 있고 아름다웠다. 책을 무조건 빽빽하게 꽂지 않고 전시의 일부로 생각해 소품들과 적절히 배치했는데 서가를 설계할 때부터 이런 부분을 고려했다는 점에서 운영자의 높은 안목이 드러났다. 그리고 작은도서관과 나란히 북카페를 두어, 일반인들이 쉽게 드나들 수 있도록 공간을 열어두었다는 점도 좋았다.

이렇게 아름다운 작은도서관과 북카페를 꾸린 안 석, 이진숙 씨는 목회자 부부다. 그런데도 이 공간에서는 십자가를 쉽게 발

견할 수 없고 예배실은 2층에 소박한 규모로 자리하고 있다. 대형화되고 나서기 좋아하는 목소리 큰 몇몇 한국 교회들과는 조금 다른 모습이다. 군림하는 교회가 아니라 이웃과 함께 나란히 가겠다는 의지가 읽히는데 그런 생각들이 책공간을 통해 고스란히 전해진다.

'동네책방 숨'은 책과 문화, 행사를 '소비'하는 것이 아니라 책 한 권을 통해 삶을 생각하고 마을을 헤아리며 이웃을 돌아 볼 수 있도록 이끌고 서로 소통하고 공감할 수 있기를 꿈꾼다. 원목으로 둘러싸인 친환경공간에서 공정무역 커피를 마시며 평화와 영성, 생태와 마을, 공동체 등 숨지기가 추천하는 책들을 만날 수 있는 공간으로 만들어가려 한다.

숨은 책방에 이어 조심스럽게 북스테이를 시작했다. 편안하고 아늑한 나만의 서재 같은 다락방과 도서관에서의 하룻밤을 통해 책과 함께 나를 만나는 여행을 선물하고 싶은 바람에서다. 아이들은 추억을 만들고 어른들은 삶을 돌아보는 우리 동네 작은 책방에서 공간은 또 한 번 위로와 평안이 된다.

평화를 품은 집

도서관에서 하룻밤, 평화를 이야기하는 곳.
평화, 인권, 환경을 주제로 하는 책들이 있는 '평화도서관', 세계의 제노사이드 사건을 다루고 있는 '제노사이드 역사자료관', 일본군 '위안부' 이야기를 닥종이 인형으로 전시한 '다락갤러리', 다양한 주제에 맞춰 영화를 상영하는 '평품소극장'이 있다. 도서관에서 하룻밤을 보내며 평화를 이야기 하는 곳이다.
주소 경기도 파주시 파평산로 389번길 42-19
홈페이지 www.nestofpeace. com

책마을 해리

농사짓듯 책을 짓는 곳.
폐교를 고쳐 책학교를 열고, 고창의 갯벌부터 염전, 고인돌, 판소리, 동학 같은 고창의 생태, 문화, 역사, 예술을 체험한 후, 책으로 엮는 출판캠프를 진행한다. 책감옥, 마을사진관, 한지공간과 활자공간, 마을책방 등 출판에 대한 다양한 경험을 할 수 있는 복합문화공간이다. '시인의집', '별헤는 집', '꽃피는 집'에 머무르며 책마을 해리에서 북스테이를 체험할 수 있다.
주소 전북 고창군 해리면 월봉성산길 88 홈페이지 blog. naver.com/pbvillage

동네책방 숨

광주의 작은 동네 도서관으로 시작한 동네책방 숨은 정겨운 마을사랑방 역할을 자처하며 따뜻한 동네 책방이자 북카페 기능을 갖춘 복합문화공간으로 거듭났다. 책과 문화, 행사를 '소비'하는 것이 아니라 책 한 권을 통해 삶을 생각하고 마을을 헤아리며 이웃을 돌아 볼 수 있도록 이끄는 곳. 공감과 소통을 꿈꾸는 공간이다.
주소 광주 광산구 수완로74번길 11-8 홈페이지 www. bookcafesum.com

local
BOOKstay
2·3·4

271

강화
책방 국자와 주걱

양평
블루마운틴
북카페

경주
사랑방서재

지역에서의 삶은 익명성을 기반으로 하는 도시의 삶과
달리 끊임없이 자신이 누구인지, 어디에 속해 있는지를
규정지어야 한다. 원하지 않아도 대문은 이웃을 향해
열어놓아야 하고 '우리'와 '남'이 철저히 구분되는
지역이라는 곳에서 외지인을 대상으로 하는 북스테이는
어쩌면 지역과 세계를 잇는 가교가 된다.

지역에 뿌리를 내린
사람들이 꾸려가는 개성 가득한
책과 공간의 연대

272

이름을 짓는다는 건 내가 누구인지, 타인에게 어떤 존재로 각인되기를 원하는지 담고 있다는 점에서 우리들의 정체성을 정의해나가는 과정이다. 성경에서도 이름은 너무나 중요해서 인생의 전환점에서 신은 반드시 새 이름을 내려주지 않는가. '아브람'은 신을 만난 후, 많은 무리의 아버지란 뜻의 '아브라함'으로 이름을 바꿔 믿음의 조상이 될 것임을 예언했다. 예수는 고기 잡는 어부 시몬을 제자로 받아들이며 반석이라는 뜻의 '베드로'라는 이름을 지어주었다. 영세를 받고 신을 마음으로 영접할 때 새로운 이름을 받는 것도 이와 같은 전통을 이은 것일 테다.

이름이란 이처럼 중요한 것이니 처음 작은도서관을 만들기로 하고 이름을 지을 때 얼마나 많은 고민을 했는지 모른다. 온갖 책 제목과 주인공, 좋아하는 작품과 작가들의 이름까지 수 백 개를 써보았지만 결국 낙점된 것은 가장 평범한 '숲속작은도서관'이었다.

물론 그 시절엔 그 이름이 그리 평범하지 않았다. 일단 작은도서관도 드물었고 하물며 숲속에 도서관이라니, 그것은 꿈처럼 이룰 수 없는 아련한 환상과도 같은 거였다. 언젠가는 멋진 그림 속 한 장면처럼 숲속에 그림책과 시집을 갖춘 작고 예쁜 도서관을 만들고 싶다는 꿈을 꾸며 지었던 이름. 그러나 불과 몇 년 후, 삼청공원에도 관악산에도 서울숲에도 진짜로 숲속의 작은 도서관들이 생겨나기 시작했고 우리에게 물어보지도 않고 모두 같은 이름을 쓰는 바람에(물론 이름에 대한 상표권 등록 같은 것은 하지 않았기에 아무런 문제가 없는 일이다) 우리의 예쁘고 꿈같던 이름은 빛이 바랬다.

273

책방을 만들면서도 이름에 대한 고민은 깊었다. 참신하고 새로운 여러 이름들을 떠올렸지만 우리가 책방을 만드는 이유가 10년을 지속했던 '숲속작은도서관'과 같은 맥락이라는 점을 잊지 않기 위해서 '숲속작은책방'이 가장 적합하다는 결론을 내렸다. 비록 장소와 모습은 달라졌지만 숲속작은도서관에서 책으로 꿈을 꾸던 어린 영혼들이 언제든 찾아오고 싶은 마음의 고향으로 남겠다는 바람도 있었다.

처음 문자 메시지로 '국자와 주걱'이라는 이름을 받았을 때 황당했다. 그래도 책 좀 읽는다는 동네에서 책방 이름을 짓는다고 하면, 이보다는 좀 맥락 있는 뭔가가 나와야 하는 거 아닌가 생각했다. 강화도에 살고 있던 지인이 우리처럼 가정식 서점에 북스테이를 결합한 책공간을 만들겠다고 나섰을 때 일이다. 아들이 다녔던 대안학교에서 같은 학부모로 만났던 김현숙 씨는 두 아들이 모두 성인이 되어 독립하자 자신의 삶을 찾아 날아가고 싶어했다. 어디로 날아갈까 궁리하던 그를 내가 붙들어 앉혔다. 멀리 가지 말고 10여 년, 지역 연대의 질긴 뿌리를 내리며 살아온 강화도 자신의 둥지 안에서 새 삶을 시작하라고. 하다 힘들면 쉬어 가면 되고, 손님 없으면 혼자 놀기도 좋으니 강화도 옛 맛이 고스란히 살아있는 집을 조금만 개조해 일단 시작해 보라고 했다.

부추겼으니 책임도 같이 져야 하는 법, 그때부터 수시로 메시지가 들어왔다. 그리고 충격의 문자 한 줄, 바로 '국자와 주걱'이었다. 황당해하는 내게 한 동네 사는 함민복 시인이 하룻밤 고심하여 지어온 이름이라 했다. 그 말에 바로 꼬리를 내렸다. 내가 그토록 좋아하는 함민복 시인이, 무엇보다 아주 오랫동안 봐 와서 주인장의 성정을 너무나 잘 아는 시인이 내려준 이름이라는데. 시인의 깊은 뜻을 나 같은 평민이 어찌 알겠나……. 결국 그 이름 그대로 책방의 문이 열렸다.

'국자와 주걱'.

블로그에 들어가면 이런 소개 글이 방문객을 맞는다.

"작은 책방. 작고 불편함. 그러나 좋은 책. 따뜻한 밥상. 깨끗한 잠자리. 그리고 많은 정"

한 줌 더하거나 빼지도 않고 군더더기 없이 강화 시골에 있는 말도 안 되는 작은 책방을 가장 잘 요약한 글이라 생각한다. 좀 작고 좀 불편하다. 그러나 좋은 책 가득한 그곳엔 무엇보다 세상에서 가장 따뜻한 밥상이 있다. 책방 주인이 함께 책을 읽고 밤새 이야기를 나누는 것도 좋지만 책방 주인이 집 뒤꼍에서 방금 솎아낸 푸성귀들로 손님들에게 따끈한 밥상 하나 내어준다면 그건 또 얼마나 멋진 일인가. 만 원을 받으면 이만 원짜리 밥상을 내어

주는 그이의 후덕한 시골 인심은 젊은 시절, 빈민촌 야학운동으로 시작된 베풂과 나눔의 연장선에 있다. 지난 몇 년 동안 강화도 섬에서 광화문 광장까지 버스 몇 번씩 갈아타면서 리본 들고, 반찬 들고, 종종걸음 해댄 따뜻한 연대의 내력이다.

우리는 말만 시골 책방일 뿐 한껏 도회적으로 치장된 시골 책방이라면 강화섬 '국자와 주걱'은 정말 시골 향취 가득한 좀 작고, 좀 불편한, 그러나 정이 넘치는 진정한 시골 책방이다. 정신없이 바쁠 때 "이 책 어떻게 구해?", "견적서와 계산서 처리는 어떻게 하는 거야?" 초보 책방 주인장으로부터 날아드는 메시지를 절반쯤은 무시한 채 내 살 길만 챙겨나가고 있지만 진정 이곳이 오래오래 강화에서 잊을 수 없는 마음의 고향으로 살아남기를 나는 바라는 것이다. 그런 나도 아직 함민복 시인으로부터 정답을 받지 못한 논술 문제 한 자락.

"작은 책방에 꼭 필요한 존재로서 국자와 주걱의 은유와 상징 체계에 대해 논하시오."

우문에 독자들의 현답을 바랄 뿐.

〈작은 책방, 우리 책 좀 팝니다〉 책을 펴내고 본의 아니게 여러 사람들의 인생 행로에 영향을 미쳤다. 이 책이 요즘도 뜨겁게 이어지고 있는 동네 서점 발화의 진원지가 되었다는 이야기도 많고, 우리 때문에 책방 혹은 북스테이를 시작하게 되었다는 사람들이 여기저기서 튀어나오고 있기 때문이다. 실제 많은 사람들이 책을 들고 책방을 찾아왔고, '음, 이 정도면 나도 할 수 있겠어'라고 생각하고 돌아간 것 같다. 다녀간 이들 중 많은 사람이 실제 책방을 열거나 기존에 하고 있던 게스트하우스에 북스테이를 접목하고 있는 걸 보면 말이다.

양평 용문면에 자리한 '블루마운틴 펜션'도 그런 곳이다. 13년 전 양평으로 이주해 펜션을 운영하던 부부는, 단순히 잠자리만 제공하는 숙박업을 벗어나 책을 통해 새로운 만남을 일궈가는 변화를 꿈꾸었다. 초등학교 교사를 하며 주말에만 일손을 돕던 아내 이현숙 씨가 퇴직을 하고 나서는 공간에 대한 변화 욕구

가 더 커졌다. 그러던 중 우리 부부가 쓴 책을 읽게 되었고 그 길로 숲속작은책방을 찾아왔다.

블루마운틴 펜션은 아름다운 공간이다. 그 중에서도 가장 비싼 값을 받을 수 있는 가장 좋은 공간을 정리해 '그림책 카페'를 겸한 작은 책방으로 꾸몄다. 이들 부부가 원하는 건 놀고 먹고 마시는 유흥 숙박업소로서의 펜션이 아니라 자연 속에서 책과 함께 편안한 휴식을 취할 수 있는 펜션이다. 북카페가 생겼다고 펜션을 찾는 손님들이 갑자기 바뀌지는 않겠으나 북스테이에 대한 주인장의 확고한 의지와 독서 욕구를 불러 일으키는 좋은 책공간이 새로운 흐름을 가져다 줄 것은 분명하다. 이를 위해 양평군 평생학습센터에서 지정하는 '우리동네 학습공간'으로 공간 기부를 하고 책 읽어주는 모임 등을 진행하면서 지역사회 속에서 한 역할을 담당해나가고 있다.

경관 좋은 양평에 그림책 카페가 생겼다는 소문이 나면서 인근에 살고 있는 출판사 담당자나 그림책 작가들도 이곳을 다녀가고 있다. 가능하면 그들과 함께 지역에서 새로운 책문화를 만들어 감으로써 서울과 수도권 시민들의 주요 나들이길인 양평군 용문면에 문화의 명소로 자리잡게 되길 바라고 있다.

북스테이 네트워크에 새로 가입한 경주의 '사랑방 서재'의 주인장들도 이 책을 들고 숲속작은책방을 찾아왔다. 한의원을 운영하면서 한 켠에 작게나마 공유서가를 꾸리고, 아픈 환자들에게 책을 통한 마음 치유를 많이 권해왔다는 독특한 한의사 이상우 씨. 그는 더 많이 일하고 더 많이 버는 것이 해결책이 아니라, 적당히 일하면서 쉬고 공부하는 것이 중요하다는 생각을 갖고 있다.

마침 살고 있는 집이 방이 여러 개인 한옥이어서 2014년부터 '미소 게스트하우스'라는 이름으로 민박업을 등록해 놓고 띄엄띄엄 한옥 체험을 원하는 손님들을 대상으로 숙박업을 해왔다. 그러던 중 작은 책방에 관심을 가졌고 숲속작은책방의 사례를 보면서 서점과 숙박이 함께하는 북스테이를 최종 결정했다.

2016년 한 해 동안 경주에는 작은 동네서점이 여럿 생겨났다. 한옥집을 재단장해 만든 헌책방 '오늘은 책방', 카페 한 켠에 인

280

문학 서점을 겸하고 있는 '노닐다', 그림책방 '소소밀밀'까지 책 문화로 연대하는 지역 공동체가 만들어졌다. 이들은 공동으로 작가초청 행사를 열기도 하고, 한 달에 한 번 정기적으로 릴레이 '심야책방'을 기획하는 등 좋은 협업의 사례를 보여주고 있다.

이렇게 책방과 결합한 북스테이는 저마다의 색깔과 개성으로 지역 내에서는 활력을 불러 일으키는 취향 공동체로, 외지인들에게는 가감없이 그 지역의 첫 느낌을 전달할 수 있는 홍보대사이자 메신저로 다양하게 진화하고 있다.

누군가에게는 필요에 따라 객지에서 잠시 몸을 의탁할 뿐인 단순한 하룻밤 잠자리. 그러나 누군가에게는 내 인생의 항로 전반을 돌아보면서 새 아침을 맞이할 변화와 모색의 공간이 될 수도 있기에 우리들의 '북스테이 네트워크'는 결코 가볍지 않다.

책방 국자와 주걱

'작고 불편하지만, 좋은 책과 따뜻한 밥상, 따뜻한 잠자리와 넘치는 정'을 만날 수 있는 매력 넘치는 공간이다. 책방 이름은 함민복 시인이 지어주었다고 한다. 책만 보러 갔을 뿐인데, 아름다운 낙조와 별 쏟아지는 강화도 밤길을 덤으로 얻을 수 있는 곳이다.

주소 인천 강화군 양도면 강화남로428번길 46-27
홈페이지 blog.naver.com/ sigolstay

블루마운틴 북카페

양평의 그림 같은 펜션 한 켠에 자리한 그림책 북카페. 북스테이를 찾아 여행 온 사람들, 이웃의 아이들과 부모들을 위한 북카페에서는 책 읽어주는 학부모 모임, 그림책 독서 모임, 어린이 영어책 읽기 수업 등을 진행하며 동네 학습공간 역할을 톡톡히 하고 있다.

주소 경기도 양평군 용문면 화전로 435 홈페이지 www. pensionblue.com

local BOOKstay 5·6·7

사랑방서재

한의사와 작곡가가 운영하는 책방 '사랑방서재'는 금요일부터 일요일까지 사흘만 문을 여는 한옥형 가정식 서점이자 북스테이다. 이웃 작은 책방들과 함께 저자 초청 북콘서트, 심야서점 등의 다양한 행사를 하며 책과 사람을 이어주는 좋은 매개체가 되고 있다. 북스테이가 가능한 '미소 게스트하우스'는 하루에 한 팀만 예약 받는다.

주소 경상북도 경주시 원효로 163번길 41-2 홈페이지 www. maumbooks.net www.misostay.com

그리하여 이곳으로 오라,
책과 예술과 삶이
있는 집으로

화천
문화공간
예술텃밭

통영
봄날의집

"책이 있는 집에서 하룻밤, '북스테이'. 헤이리 모티프원
1만 2천 권 서재에서 인생을 배우고, 괴산 숲속작은책방에서
아름다운 종이책의 향기와 내 인생의 책을 만납니다.
통영 봄날의책방에서 지역의 이야기가 스토리텔링을 통해
되살아나는 과정을 알아가며, 작은 도서관에서 보내는
하룻밤을 통해 오래된 책과 대화하는 법을 배웁니다. 지역을
지키며 소박하게 살아온 이들이 내주는 한 뼘 공간에서
이웃을 이해합니다."(북스테이 네트워크)

설날 아침, 빛깔 고운 우리옷을 입고 천사처럼 한 아이가 왔다. 사뿐히 머리 조아려 새해 복 많이 받으시라며 세배를 하는데 가슴이 뭉클했다. 왠지 할머니, 할아버지가 된 느낌이었다. 아이는 엄마 품에 안겨 조잘조잘, 그림책을 펼쳐보며 까르르 깔깔 자기만의 세상으로 한없이 빨려 들어가고 있었다. 그림책을 펼쳐보며 이곳 세상은 모두 잊어버린 채 책 속 친구들과 말을 나누고, 웃다가 찡그리곤 하는 어린아이들을 바라보는 것만큼 뭉클한 일이 있을까.

아이의 부모는 강원도 화천에서 '공연창작집단 뛰다'를 이끌고 있는 연극연출가 배요섭, 이주야 부부다. 뛰다 극단 단원들과 함께 머리를 맞대고 몸을 움직여 폐교를 개조해 연습실을 꾸미고 소극장을 짓고 해외 예술가들의 레지던시를 운영하면서 '문화공간 예술텃밭' 사업을 마을 사람들과 꾸려가고 있다. 그가 극단 식구들을 이끌고 시골로 간 이유는 연극의 이상과 삶의 이상이 더 가까울 수 있는 환경을 찾기 위해서다. 좋은 삶이 좋은 연극을 이끈다는 것인데, 말하자면 내가 먹는 밥이 나의 예술을 정의한다는 것과 비슷한 뜻 아닐까.

동트는 새벽 현관문을 열고 나갔을 때 디딜 수 있는 땅이 있다는 사실, 품앗이로 매일 함께 지어먹는 점심밥, 먼 데서 온 예술가들과 동고동락하며 지내는 축제의 시간들, 대보름 마을 한가운데서 타오르는 달집, 주말마다 연습실에서 들려오는 청소년 아이들의 웃음소리, 한여름 내내 군인들과 화천의 주민들, 우리 동네 어르신들, 여러 예술가들이 함께 땀 흘리며 만든 인형공연, 가을밤

보름달 아래 예술텃밭에서 구워먹은 삼겹살, 텃밭극장을 채우는 뜀뛰기 아이들의 살아있는 몸짓, 1년에 한두 번 마을 어르신들과의 진한 술자리, 차 타고 비행기 타고 떠나는 공연 여행, 그리고 밤하늘 쏟아질 것 같은 별들.(뛰다 연극생활지 <띄움> 제8호, 배요섭)

　어쩌면 우리 사회에서 가장 도시적이고 어쩌면 우리 사회에서 가장 시골 어르신들과는 거리가 멀게 느껴지는, 도시에서 온 이 젊은 극단은 화천읍 신읍리 지역 어르신들의 관심과 사랑을 한 몸에 받고 있다. 마을에 완전히 녹아들어 마을 주민들과 다양한 삶과 문화를 꾸려가는 이들의 활동을 우리 또한 항상 놀라운 눈으로 바라보고 있다. 우리가 하지 못한 일, 어쩌면 우리가 할 수 없는 일을 해내는 그들에 대한 존경과 동경의 마음이었을 게다. 괴산으로 옮겨오기 전 이들 극단과 한마을로 이주하는 프로젝트에 대해 여러 번 논의했지만 현실이 여의치 않아 그들은 화천으로, 우리는 괴산으로 각기 귀촌하게 되었다. 지금도 우리가 함께였더라면 하고 아쉽게 생각하곤 하는데 이들이 새로운 사업을 벌인다는 반가운 소식을 들었다.

　마을 주민 수익사업의 일환으로 협동조합을 만들어 민박사업을 시작한 것이다. 단순히 관광객을 위한 잠자리만을 생각했던 마을 이장님과 여러 차례 논의한 끝에 이 집을 책놀이, 몸놀이 체험이 있는 문화체험공간으로 만드는 것으로 방향을 잡았다. 그 속에 '그림책방'을 만들고 싶다고 했다. 그림책을 전시하고 읽을 수 있는 공간, 그림책을 낭독하는 공간, 그림책으로 연극배우들이 몸놀이를 하고 방문객들과 간단한 연극 체험을 할 수 있는 그

288

289

런 공간 말이다.

이런 소망이 결실을 맺어 2015년, 화천 문화공간 예술텃밭에 방문자들을 위한 게스트하우스를 만들었다. 소박한 주방과 욕실, 그리고 2~4명이 머무를 수 있는 방 일곱 개를 깔끔하게 단장했다. 커피와 그림책, 인터넷을 이용할 수 있는 북카페는 방문객들 누구나 이용할 수 있는 열린 공간이다. 아쉬운 건 극단 일이 너무 바쁘다 보니 북스테이 전담 인력을 두지 못했다는 점이다. 따라서 숙박은 가능하지만 극단과 연계된 활동은 아직 못하고 있는 형편이다. 개인적으로는 가장 기대하고 있는 북스테이 형태이지만, 시간이 좀 더 필요하겠다.

북스테이 네트워크를 함께 기획하고, 지금 이 책도 같이 만든 '남해의봄날' 출판사 정은영 대표를 만난 것도 10년이 넘은 것 같다. 나는 결혼하고 아이를 낳은 후에 여러 잡지와 출판 매체에 글을 파는 자유기고가로 활동하면서 열심히 돈을 벌었다. 단칸 월세방에서 전셋집으로, 아파트 13평에서 24평으로, 맞벌이 부부의 일상은 그야말로 조금씩 우리 공간을 넓혀가는 '땅따먹기'의 삶이었다. 책을 쓰고 만드는 엄마가 땅따먹기에 몰입하느라 정작 내 아이에겐 책 한 장 읽어주지 못하는 빡빡한 시간들을 살게 되자 어느 날 다 그만하고 싶어졌다. 더 이상 돈을 위해서가 아닌, 나 자신을 위해, 내가 이루고자 했던 꿈을 위해 살고 싶어졌다. '돈을 벌기 위해 글을 쓰는 일은 그만두겠다'고 호기롭게 선언한 뒤 시작한 게 작은 도서관이었고 아이를 키우면서 신나게 도서관 활동을 했다. 2년쯤 지나자, 점점 늘어나는 도서관 운영비에 반해 텅 비어버린 통장 잔고를 보면서 다음 달 임대료를 고민해야 하는 날들이 늘어갔다. 신기하게도 바로 그때 '원고를 쓰겠느냐'는 제안이 들어왔다.

"맙소사, 이건 돈을 벌어 열심히 도서관을 살리라는 계시야."

도서관은 포기하면 안 되는 나의 숙명이라 생각하며 반갑게 만났던 이가 정은영 대표다. 그때부터 글을 팔아 책을 사는, 도서관 운영자와 자유기고가의 겸업이 시작되었다.

그러다 2010년, 서울 홍대 앞에서 작은 회사를 운영하다 과로로 건강을 잃은 그가 먼저 서울을 떠났고, 나 또한 괴산에서 새로운 삶을 시작했다. 정은영 대표는 통영에서 책을 만드는 일을, 나는 괴산에서 책을 함께 읽고 나누는 일을 했다. 괴산에서 민박에 이어 서점을 시작한 것처럼, 통영에서는 출판사라는 본업 외에 서점 그리고 '봄날의집'을 통해 책이 있는 집에서의 하룻밤을 열었다.

봄날의집은 통영 예술가의 집을 콘셉트로 한 아트하우스이자 동네서점 '봄날의책방'이 함께하는 공간이다. 출판사에서 책을 만드는 일부터 책방을 통해 책을 유통하고, 책을 사랑하는 독자들이 하룻밤 머물며 책의 향기에 취하는 일까지 어쩌면 책의 시작부터 끝을 동시에 경험할 수 있는 공간이기도 하다.

같은 업종 동료로서 봄날의집이 부러운 점은 마을 안에 자리를 잡고, 마을의 이야기를 최대한 품어내면서 소통을 이끌어낸다는 점이다. 새로 건물을 짓는 게 아니라 오래된 집을 사들여 '동네 건축가'를 표방하는 강용상 대표가 주변과 조화롭게 리모

291

델링 작업을 함으로써 마을을 재생시키고 있다. 폐가로 방치되다시피 한 낡은 구옥이 아름답게 변하고, 그를 통해 거리 모습이 바뀌는 걸 경험한 동네 주민들이 지지를 보내주고 자신들의 집과 주변도 가꾸기 시작했다. 그리하여 지방 도시 작은 마을은 비로소 '봉수골'이라는 자신들의 이름을 불러주는 사람들과 조우하게 되었다. 한적한 주택가 골목에 작은 출판사 하나와 동네서점 하나가 어떤 변화를 이끌어내는지 우리는 목격하고 있다.

출판사 남해의봄날은 지역의 이야기를 스토리텔링 함으로써 서울과 수도권이 전부인 줄 알던 사람들에게 지역의 이야기를 들려준다. 지역의 예술가를 알리는 봄날의집은 특히 통영이 낳은 장인들의 세계를 전시함으로써 아쉽게도 사라져가는, 그러나 우리가 꼭 기억하고 지켜가야 할 우리의 것, 전통문화를 재조명한다. 그리고 그 안에 지역의 이야기가 살아 움직이는 작은 책방이 자리하고 있다.

'독립서점에서 쇼핑하는 건 정치적인 선택'(〈서점 VS 서점〉, 로라 J. 밀러, 한울아카데미)이라는 말은 전적으로 옳다. 대형 체인서점이나 온라인서점이 아닌, 지역을 지키고 있는 동네서점에서 책을 산다는 건 자신이 독서 시민인지 단순한 소비자인지를 가늠하는 일이기도 하다. 내 방에 앉아 몇 번의 클릭만으로 여러 가지 사은품과 신용카드사의 혜택을 풍부하게 받으면서 여러 권의 책을 사는 게 가능한 시대. 굳이 발품을 팔아가며 때로는 먼 거리 교통비까지 지불하며 일부러 동네 작은 서점을 찾아 책을 사는 일은 단순히 책 한 권을 사는 소비행위가 아닐 것이다.

그렇게 찾아간 봄날의책방에서 우리는 지역의 장인들을 만난다. 대대손손 갓을 만들고, 나전을 새겨 넣고, 누비 길쌈으로 우리의 멋과 풍류를 전해왔지만 이제는 찾는 이 없어 더 이상 기술을 전수하지 못하는 장인의 쇠락을 경험한다. 이제라도 그들의 삶에 작은 격려를 보내고자 장인의 집을 찾고, 그들의 이야기를 들어보리라 다짐하는 시간을 갖게 된다.

이런 움직임이 수도권과 대도시 키우기에만 집중하는 기형적인 국가 시스템에 조금이라도 빨간불을 켜주고 중앙집권화, 대량화, 획일화된 사회에 숨통을 트이게 한다면 얼마나 좋을까?

봄날의책방이, 숲속작은책방이, 그리고 앞서 소개했던 많은 작은 책방들이 지금 팔고 있는 건 책 한 권이 아니라 바로 이런 이데올로기다. 우리들의 추천도서 코너는 그래서 핵심이다. 우리는 대형 베스트셀러, 자본주의에 헌신하는 인간형을 만들기 위한 자기계발서는 팔지 않는다. 대신 자연과 인간이 공존하는 삶을 향한 생태 가치를 담은 책, 인간이란 무엇인가를 끊임없이 질문하게 하는 마음 불편한 책, 함께 살기 위해 자신을 내려놓는 법을 가르치는 책을 판다.

책이 있는 집에서 하룻밤, '북스테이'.

헤이리 모티프원 1만 2천 권 서재에서 인생을 배우고, 괴산 숲 속작은책방에서 아름다운 종이책의 향기와 내 인생의 책을 만난다. 통영 봄날의책방에서 지역의 이야기가 스토리텔링을 통해 되살아나는 과정을 알아가며, 작은도서관에서 보내는 하룻밤을 통해 오래된 책과 대화하는 법을 배운다. 지역을 지키며 소박하게 살아온 이들이 내주는 한 뼘 공간에서 이웃을 이해한다.

세상엔 수많은 책이 있고, 우리나라엔 다양한 형태의 작은 책방들이 생기고 있다. 작은 책방은 더 나아가 책방 민박집이 되어 공간의 개념을 확대하고 있다. 전국에 고급 호텔부터 여인숙까지 잠자리를 파는 수많은 숙박업소들이 있지만 공간의 주인과 방문객이 책과 문화를 매개로 하룻밤 꿈같은 세상으로 손잡고 걸어 들어가는 곳은 많지 않다. 유흥지에서 단지 먹고 마시고 술에 취하는 것만이 유일한 여가이던 과거를 버리고, 조용한 사유의 숲속에서 나 자신과 조우하며, 삶을 새롭게 바라볼 수 있는 진정한 휴식의 날들을 채워보면 어떨까. 그리고 싶은 사람들이 머물 수 있는 편안하고 따뜻한 공간을 함께 만들어보면 어떨까.

북스테이 네트워크를 함께하자 모인 우리들은 왜 이 네트워크를 만들고, 무엇을 하려고 하는지에 대해 이야기를 나누었다.

"사라져가는 종이책을 장려한다, 출판문화 발전에 이바지한다, 뭐 이런 거창한 목적은 독립운동처럼 장엄하고 엄숙하지요. 그런 커다란 이야기는 맘속에 놓아두고 우리 네트워크의 목적은 우리들 스스로의 삶 자체에 중심을 두면 좋겠어요. 우리는 모두 즐겁게 살면서 가치 있는 삶을 추구하고 싶은데 책이란 그 해결 도구이기도 하고, 혹은 저수지 같은 역할을 해주죠. 저수지가 메마른 농토에 물을 공급하듯 책이라는 것이 우리 메말라 있는 가슴을 촉촉하게 해주지 않습니까. 우리들은 이런 책을 북스테이 공간에 두고 메마른 모든 사람들에게 물을 제공하는 역할을 하는 것이지요."

모티프원 이안수 선생님은 우리들 자신이 공간을 운영하면서 망가지지 않고, 스스로가 즐겁고 행복한 삶을 살아야 한다는 걸 강조했다. 행복한 사람이 되는 것이 먼저고, 그 다음으로는 책을 매개로 방문객들과 소통하면서 행복한 삶을 나누는 것이 중요하다는 말씀이다.

또한 우리는 모두 서울을 벗어난 지역에서 살고 있다. 지역으로 이사하기 전까지는 세상의 중심이 '서울'인 줄 알고 살던 사람들이다. 지역에 와서 살아보니 서울이 아니면 무조건 '시골'이라고 말했던 지난날이 부채감으로 다가오기도 한다. 그래서 지금도 여전히 과거의 우리처럼 생각하고 있을지도 모를 사람들을 위해 더욱더 지역의 살림살이를 돌아보고 알리는 일을 하고 싶다. 지역 문화와 지역 사람들의 삶이 있는 각자의 지역에서 우리 공간이 지역 문화운동의 거점으로써 한 역할을 담당한다면 좋겠다. 그리하여, 우리의 이런 삶의 모습이 다른 이들에게도 좋은 영향을 주면 이런 공간이 더 많이 늘어나지 않겠는가.

책이란 삶의 다른 말이다. 다른 이의 삶의 역사와 흔적 없이 오늘 우리들의 삶이란 없다. 오늘 우리가 걸어간 이 길은 내일의 또 다른 역사를 준비하는 초석이다. 책만 읽는 바보가 되어선 안 되겠지만, 책도 읽지 않는 가난한 영혼이란 또 얼마나 초라한가. 바라건대 우리 삶의 길이 고스란히 한 권의 책이 되고, 그 한 권의 책이 우리 아이들의 삶에 희망의 등대가 되어주었으면 한다.

책을 읽고, 자기에게 주어진 삶의 길 위에서 책의 정신을 실천하는, 우리는 깨어있는 독서 시민이고 싶다.

마지막 한 마디:

책을 마무리하면서 마지막으로 이 책에 나오는 작은 책방들이 전국의 책방을 대표하는 건 아니라는 말을 남기고 싶다. 전국 곳곳에는 오랜 시간 동안 공든 탑을 쌓아온 많은 서점과 서점인들이 있다. 그분들의 이야기를 기록하지 못했다. 나는 그저 서점이 죽어간다고 생각했던 이 시점, 내가 사랑하는 책공간들 그리고 새롭게 태어나고 있는 독립서점들과 만남으로써 작은 공감과 연대를 표하고 싶었다. 나머지는 독자들의 몫으로 돌리고 싶다.

주변을 잘 살펴보시라. 우리 동네 아직 살아남은 서점이 있다면 문을 열고 들어가 책 한 권 청하시길! 이야기를 나누시길!

우리 동네 작은 책방이 없다면, 그렇다면 그곳에 곧 새로운 책방이 문을 열었다는 소식이 들려오길! 그리하여 잘 살아남았다는 소식도!

298

문화공간 예술텃밭

강원도 화천 동지화마을의 신명분교가 문을 닫은 지 10년 만에 다시 문화공간으로 태어났다. 스튜디오와 극장, 제작공방과 게스트하우스 등의 시설을 갖추고 있고, 다양한 예술가들이 오가며 작업을 하고 있다. 지금은 공연창작집단 뛰다와 목수 권구광, 퍼포먼스 아티스트 박동조가 상주하면서 작업을 하고 있다. 문화공간 예술텃밭은 뛰다와 마을 주민들이 함께하는 마을협동조합 '동지화예술마을'이 운영하는 공간으로 책과 연극, 그리고 자연을 색다르게 만날 수 있는 다양한 체험을 준비 중이다. 인근에 폐교를 리모델링하여 갤러리 겸 공방으로 재탄생한 숲속예술학교에서 전시 관람도 가능하다.

주소 강원도 화천군 화천읍 노신로 274 전화번호 010·2355·2536 홈페이지 www.tutbat.tistory.com

봄날의집 & 봄날의책방

봄날의집은 문화예술의 보고 통영에서 나고 자라 아름다운 자연이 준 영감으로 화려한 꽃을 피운 예술인들의 삶과 그 작품들을 직접 만나고, 체험할 수 있는 공간이다. 전혁림, 전영근 부자의 삶과 작품 세계를 담은 화가의 방, 조선시대 명품 공예 브랜드 통영12공방의 역사를 이어온 장인의 작품을 생활 속에서 체험할 수 있는 장인의 다락방, 통영에서 나고 자란 작가들의 작품을 만날 수 있는 작가의 방 등 예술가의 방을 콘셉트로 한 공간에서 사색하고 휴식할 수 있다. 출판사에서 기획, 제작한 <장인지도>를 들고 통영 장인들의 흔적을 찾아 함께 걷는 장인 체험길 걷기 프로그램도 운영중이다. 더불어 같은 건물에 위치한 작은 서점 봄날의책방은 작가, 편집자, 예술가 등이 추천하는 책과 지역 예술가들의 작품을 모아둔 큐레이션 공간으로 일상에 스민 책의 깊이와 예술의 향기를 경험하고 느낄 수 있다.

주소 경남 통영시 봉수1길 6-1 전화번호 070·7795·0531 홈페이지 www.namhaebomnal.com/arthouse 이메일 guest@namhaebomnal.com

숲속작은책방

숲속작은책방은 조금 까다로운 숙소다. 하지만 아래 몇 가지 조건만 충족한다면 다른 곳에서는 쉽게 느낄 수 없는 영혼의 자유를 누릴 수 있는 곳이기도 하다.

-책을 싫어하는 사람보다 좋아하는 사람에게 우선권을 준다.

-전국 공공도서관과 어린이도서관, 초·중·고등학교 독서동아리 친구들이 오면 아주 잘해 준다. 책 이야기는 물론 목공 체험까지 운영하여 아이들이 책을 좋아하게끔 만든다. 물론 성인 독서 동아리도 대환영이다.

-가족 혹은 지인 중심으로 하루 1팀만 숙박이 가능하다. 아쉽긴 하지만 화장실이 하나인 관계로 제약이 따른다.

-방문한 이들은 꼭 책을 사야하는 행복한 소비 의무가 있다.

-책방 고양이가 함께 살고 있어 고양이털 과민반응이 있는 분들은 잠깐 생각한 후에 결정하기를 권한다.

주소 충북 괴산군 칠성면 명태재로 미루길 90 미루마을 28호 전화번호 010·8771·2186, 043·834·7626 홈페이지 cafe.daum.net/supsokiz

우리만 행복해서
괜찮은 걸까?

일본 미야자키현에 있는 키조 그림책마을을 방문했을 때, 어쩌면 그림책마을보다 더 값진 공간과 아름다운 삶을 만났다. 그곳은 일본 농촌마을의 아주 평범한 주택가, 작은 일본식 집. 그러나 입구에는 이렇게 써 있다.

"보리이삭문고, 누구나 자유롭게 들어와서 책을 보거나 빌려 갈 수 있습니다."

마당에 들어서면 나무에 작은 해먹이 걸려 있고 스누피 인형이 그 위에 누워 망중한을 즐기고 있다. 마치 동화 나라처럼 정원 곳곳에 작은 인형들이 있어 이곳을 방문하는 사람들에게 뭔가 이야기를 들려주려고 하는 듯도 하다. 이곳이 바로 일본의 가정문고 '보리이삭문고'다.

일본에 도서관이 많지 않던 1960년대와 1970년대, 책을 좋아하고 어린이들의 독서운동에 관심이 많던 이들이 저마다 자기 집에서 작은 사립문고를 열었다. 내 집 거실에, 혹은 방 한 칸을 비워 마련한 문고라 하여 '가정문고'라고 이름 붙였다. 이곳에서 일본의 독서문화운동이 시작되었다. 마을 아이들을 모아놓고 그림책을 읽어주고, 젊은 주부들이 함께 모여 동화책 공부를 하고, 좋은 책을 주변에 추천했다. 이렇게 운영된 일본의 가정문고, 혹은 사립문고는 한때 수천 개가 넘었다고 한다. 수십 년이 흐른 지금, 일본에는 많은 공공도서관이 세워져 작은 마을 안에도 하나씩 있을 정도라 개인이 어렵게 운영하던 가정문고들은 상당수가 문을 닫았다. 시대에 맞는 자기 역할을 다 해내고 난 후 자연스러운 소멸일 수 있겠다는 생각이 든다. 그러나 여전히 공공도서관과 다른 지점에서 마을과 주민들, 어린이들과 함께 독서문화 활동을 하며 가정문고를 지키고 있는 곳들이 비록 수는 적지만 여러 곳 남아있다. 미야자키현 작은 마을의 보리이삭문고도 그중 하나다.

일본 가정문고를 지키는
은퇴한 교사 부부의 아름다운 황혼

보리이삭문고를 지키는 이들은 나카타케 할아버지와 교코 할머니 부부. 두 분 모두 초등학교 교사를 하다 정년퇴직한 후 문고를 시작했다. 자녀들이 장성해서 모두 독립을 한 후 집에 노부부만 남게 되자 아이들이 쓰던 공간을 개방하여 마을 어린이들을 위한 가정문고로 만들었다. 아이들이 쓰던 방이었기에 문고는 자녀들의 이름을 하나씩 따서 이름을 지었고 우리말로 번역하면 보리이삭문고라는 이름이 되었다.

2009년과 2014년 두 번을 방문했는데, 처음 그곳을 방문했을 때는 더운 여름이었다. 우리보다 훨씬 후텁지근한 일본의 남쪽 지방에 있는 보리이삭문고에는 에어컨이 없다. 더위에 지쳐 벌겋게 익어버린 우리 일행은 선풍기 한 대에 실망해서 다다미 위에 털썩 주저앉았다. 그런 우리를 보고 잠시 후 할머니와 할아버지가 쟁반에 담아 온 것은 냉동실에서 꽁꽁 얼린 차가운 물수건. 사람 숫자대로 준비한 이 물수건을 얼굴, 목, 팔에 갖다 대는 순간 온몸에 감동의 소름이 돋았다. 얼음 잔뜩 띄운 시원한 주스와 수박을 먹는 동안 더위는 어느덧 사라지고 선풍기 한 대로도 충분히 열기를 가라앉힐 수 있었다.

2000년에 문을 열었으니 우리가 방문한 해는 보리이삭문고가 문을 연 지 10년 되는 즈음이었다.

"왜 가정문고를 시작하게 되셨습니까?"

물었더니 부부가 결혼했을 때부터 은퇴하고 나면 마을 아이들을 위해 좋은 일을 하자고 약속을 했었단다. 그리고 그 약속을 노년이 되어 진짜 실천한 것이다.

보리이삭문고에서는 마을 어머니들과 함께하는 이야기모임이 매달 한 번 열린다. 동네 주부들이 모여 내가 읽은 책에 대한 느낌을 나누고 살아가는 이야기도 나누는 주부 사랑방 같은 모임이라는데, 그곳에서 할아버지의 인기가 대단하다며 할머니가 치켜세웠다.

방과 후에는 아이들이 이곳에 들른다. 예전과 달리 이곳을 찾는 아이들의 수는 점점 줄어들어 많은 숫자는 아니다. 일본 역시 아이들의 공부를 강조하며 방과 후에 학원을 많이 다니고 있기 때문이다. 하지만 하루에 한두 명, 혹은 두세 명일지라도 이곳을 집처럼 여기고 자유롭게 들러주는 아이들에게 할머니, 할아버지는 옛이야기를 들려주고 그림책을 읽어주거나 때론 간식도 챙겨준다. 일본 역시 핵가족의 삶이라 할머니, 할아버지와 함께 살지 않는 아이들이 이곳에서나마 조부모의 정을 느낀다고 하니 상상만으로도 그 아이들의 방과 후가 얼마나 따뜻할까 싶었다.

가정문고에 국가나 지방 정부가 지원하는 건 아무 것도 없다. 노부부는 자신들이 받는 연금으로 가정문고를 열고, 책을 구입한다. 그저 우리들이 노후에 좋아서 하는 일이기에 마을 아이들과 젊은 엄마들에게 조금이라도 도움이 되길 바라며 기쁜 마음으로 연금을 내놓고 있다고 말씀하시는데 가슴이 저릿했다.

보리이삭문고에서 받은 감동을 잊지 못해 지난해 재차 방문했더니 문지방 위 벽에 조르르 사진 액자가 걸려 있다. 한국 방문객들과 같이 찍은 단체사진을 크게 인화해 벽에 걸어놓은 것이다. 사진은 모두 열 개였고 이날의 방문이 열한 번째. 사진 중에는 2009년에 방문했던 내 모습도 있어서 반가웠고 할머니는 감사하게도 나의 두 번째 방문을 기억해주셨다.

안타깝게도 최근 할머니는 암이 발병해 오랫동안 입원 생활을 하셨다고 했다. 병간호 때문에 할아버지도 무척 힘이 드셨을 테다. 우리가 방문하기 직전까지도 기력을 회복하지 못해 걱정이었는데 한국에서 손님들이 온다고 하니 할머니가 기적처럼 몸을 털고 일어났다며 좋아하셨다.

평일에는 본인들이 운영하는 가정문고의 문을 열고, 최근에는 건강 때문에 좀 뜸하지만 주말이면 키조 그림책마을로 자원봉사를 나가는 생활을 오랫동안 이어오셨다. 일주일 내내 책과 함께,

아이들과 함께, 지역의 믿을 만한 어른으로서 이웃과 함께 즐겁게 살아가고 있는 노부부.

비록 활동이 예전 같지는 않지만 마을에 이런 곳이 있다는 사실만으로도 주민들과 아이들은 안심이 되고 기쁘게 살 수 있다는 이웃집 젊은 엄마의 말처럼, 지역마다 이렇게 작은 공간들이 살아 있어서 마을과 지역사회를 돌보는 사회안전망의 역할을 할 수 있다면 얼마나 좋을까 하는 생각이 들었다. 은퇴 후, 혼자만의 삶보다 함께하는 삶을 선택한 노부부의 황혼은 또 얼마나 아름다운가. 이들의 삶이 우리 부부의 미래 모습이라면 좋겠다.

여름이 다가온다. 에어컨 없는 숲속의 작은 책방, 냉동실에 물수건이라도 한 보따리 얼려 놓는 것으로 작은 감동을 준비해볼까.

'하느님 물건을 파는 참새'가 되어
숲에서 책과 잠을 팔다

"정원과 서재가 있다면 삶에 필요한 모든 걸 가진 것이다."

로마시대 원로 정치가인 키케로의 말대로라면 우리는 지금 삶에 필요한 모든 걸 다 가졌다. 사철 꽃이 피는 정원과 수많은 책으로 가득한 책방. 그러니 행복한가?

사람들이 묻는다.

"지금, 행복하세요?"

우울하고 어두운 시대, 세계 1위의 자살률을 기록하는 이 나라에 살면서 선뜻 답을 하기가 망설여진다.

"우리만 행복해서 괜찮은 걸까?"

돈이 많아서 행복한 건 아니다. 빨래판 복근과 말벅지를 장착한 튼실한 육체가 있는 것도 아니다. 만일 특별한 문제없이 살아남는다면 우리에겐 아직도 수십 년의 삶을 걱정해야 할 노후가 남아있고, 이젠 밤이면 불빛 아래 책을 읽기가 어려울 만큼 희미해져가는 노안과 이문재 시인의 시처럼 '나가버린 허리'와 '허리가 있던 자리에서 수시로 천둥 번개가 치는 몸'과 연애, 결혼, 출산을 포기한다는 삼포를 넘어 오포, 칠포 세대에 갓 진입한 아들 녀석이 있으니 수많은 근심거리를 안고 사는 시한부 행복일 것이다.

그러나 과거를 묻지 않는다면, 미래를 당겨오지 않는다면, 지금 바로 이 순간 우리 부부는 행복하다. 한 조각의 땅, 우리가 책임져야 할 꽃과 나무, 박꽃 피어나는 달밤의 향취와 매일 읽어도 끝이 나지 않을 수많은 책들에 둘러싸여 있으니 삶에 필요한 모든 게 우리 앞에 놓여있다.

동시에 우리는 미안하다. 이 행복의 자락들을 우리 품안에만 싸안고 있다면 머잖아 불행의 여신이 찾아올 것을 안다. 그래서 우리는 행복의 보따리를 펼치고 이오덕의 시처럼 '하느님 물건을 파는 참새'(이오덕 시·김용철 그림, 고인돌출판사)가 된다.

'길가에 나뭇가지에 지붕 위에 온통 잡동사니 물건을 펴 놓고' 하루 종일 부지런히 판다.

'이슬을 사세요 짹짹, 풀잎을 사세요 짹짹, 희망을 사세요 짹짹, 평화를 사세요 짹짹.'

'웃음을 사세요 쨱쨱, 아가의 마음을 사세요 쨱쨱, 어른들도 가져가세요, 아이들도 가져가세요, 상표도 포장도 없답니다. 그냥 한아름씩 안고 가랍니다.'

행복해지기 위해 도시를 떠났다. 마을을 만들었지만 마을은 우리에게 아픔을 주었다. 고통은 주고받는 것이니 우리도 다른 이들에게 상처를 주었을 것이다. 시골에서 새로운 마을을 만들고 정착하기 위해 분투했던 지난 시간들은 우리 자신에게 어려웠고, 또 후회가 남는다. 넘어가야 할 산이다. '마을은 결코 아름답지 않다'고 앞에 썼다. 그렇다. 그럼에도 좁은 땅 위에 서로 어깨를 맞대고 살아가는 '인간'인 한 마을은 우리에게 희망을 안겨다줄지도 모른다는 꿈을 버리지 못했다. 어려워도 같이 사는 법에 대해 좀 더 연구하고 좀 더 노력해야 하는 과제가 남았다.

꿈을 이루기 위해 책방의 문을 열었다. 땅이 좁은 나라에 살면서 넓고 큰 집을 달랑 부부 둘이 독점하는 게 미안해 하룻밤 잠자리를 나누었다. 많은 이들을 만나며 짧은 순간, 서로의 우주를 공유하는 기쁨을 맛보았다. 조심스레 내민 손과 손이 맞닿을 때 마음이 웃었다. 내 집에 앉아서도 사람을 만났지만, 우리와 비슷한 꿈을 안고 사는 사람들을 만나기 위해 이곳저곳 유람 길에도 올랐다. 한 사람의 꿈은 꿈일 뿐이지만, 꿈들이 모이면 작은 변화가 가능할 거라 생각해 한 사람이라도 더 많은 사람들을 만나려 했다.

책방 문을 열고 있지만 책이 팔리지 않아 고민하는 이도 있었다. 책방을 열었더니 의외로 손님들이 찾아주고 책이 잘 팔려 즐거워하는 이도 있었다.

〈작은책방, 우리 책 쫌 팝니다〉를 출간한 이후에는 우리가 찾아가서 만난 이들보다 우리를 찾아와서 만난 이들이 더 많았다. 어떤 이들은 손에 책을 들고, 어떤 이들은 책방이 소개된 신문기사를 들고, 또 어떤 이들은 텔레비전에서 봤다며 다들 저마다의 궁금증과 호기심을 안고 책방 문을 두드렸다.

시골 한적한 책방이라고는 믿어지지 않을 만큼 많은 숫자의 사람들이 숲속을 찾았다. 그리고 물었다.

"책이 좀 팔리나요?"

2016년 12월 말, 놀랍도록 변화무쌍한 서점계, 누군가는 문을 닫고 누군가는 또 문을 열며 여전히 멈추지 않고 작은 책방의 진화가 진행 중인 지금, 이 질문에 답을 적어본다.

책방 방문자는 지속적으로 늘어나고 있다. 2015년 한 해 동안 3천 7백여 명이 다녀갔고 2016년에는 5천 명 가까운 숫자가 책방을 다녀갔다. 주말에는 가족 단위로 책나들이를 나오는 개인 방문자가 많고 평일, 책방을 방문하는 사람들은 대개 단체 방문자다. 공공도서관이나 작은도서관의 사서와 자원활동가, 마을 만들기 팀, 독서동아리나 인문학 강좌 모임 등 전국에서 서점 탐방을 많이 오고 있다. 책방의 규모가 작아서 10~20명 소그룹 단위로 견학 오는 것이 가장 좋지만, 대개 견학을 기획할 때는 대형 버스 한 대를 예상하다 보니 한 번에 오는 방문자의 숫자가 30~40명 규모로 늘어났다.

이들과 마주 앉아 시골 책방 살아가는 이야기를 나누거나, 신간 브리핑, 우리가 좋아하는 추천 책 이야기 등을 들려주고 나면 돌아갈 때는 어김없이 책을 구매하는 순서. 방문자는 누구라도 책을 사야 한다는 원칙은 여전히 지켜지고 있기 때문에 방문자 숫자가 많다는 건 그만큼 책 매출이 높다는 뜻과도 같다.

올해 특히 기뻤던 건, 우리가 사는 괴산 지역 학교에서 어린이 청소년들 방문이 이어졌다는 사실이다. 교사와 학부모가 중심된 지역의 단체들이 시골 책방에 관심을 갖고 협력과 연대의 힘을 보태주고 있다. 우리도 지역 내에서 우리가 할 수 있는 일들을 더 열심히 해봐야겠다.

무엇보다 폭발적이었던 건 북스테이에 대한 관심이다. 책방에서 하룻밤 보내고 싶어하는 이들의 신청이 크게 늘어났다. 아쉽게도 책방 북스테이는 하루 한 팀밖에 받을 수가 없고, 그것도 서점 영업과 개인 생활을 위해 매일 개방하지 않으니 숙박할 수 있는 숫자에 한계가 있어서 가능하다는 답변보다는 숙박이 불가하다는 답변을 많이 드리게 돼 미안한 마음이 크다. 다른 지역에 새롭게 생겨난 북스테이 네트워크를 적극적으로 소개하는 것으로 미안함을 덜고 있다.

그래서 결론은?

"그래요, 작년보다 올해, 지난 달보다 이번 달, 책이 점점 더 많이 팔립니다."

서점 문을 열고 3년. 활짝 웃으며 이런 답변을 해드릴 수 있게 되어 참 기쁘다. 시간이 흐를수록 더 많은 독자들에게 더 많은 책을 팔았으면 좋겠다. 아울러 동네에서 작은 서점을 열고 있는 모든 분들이 의기양양 이렇게 대답할 수 있는 날이 왔으면 좋겠다.

"이래 봬도 우리, 책 좀 판다고요!"

이런 이들의 꿈과 꿈이 만난 자리를 선으로 이으면 세상 모든 이들이 자기 갈 길을 잘 찾아갈 수 있게 해주는 별들의 지도가 될 것이다. 변장한 천사들의 도움이 필요하다.

10년 전, 오늘의 우리를 상상할 수 없었듯이 10년 후를 상상할 수 없다. 내일 우리가 서 있을 곳을 오늘 알지 못하겠다. 그러나 미래를 당겨오지는 않겠다. 현재를 살겠다.

다만 한 가지, 내 입에 들어가는 밥숟가락만 기억하며 살진 않겠다. 미야자키 작은 시골 마을의 나카타케 할아버지와 교코 할머니처럼 그림책을 읽으며 살겠다. 아이들의 목소리, 우리가 아이이던 시절의 수줍고 작은 목소리, 그러나 때론 장난스럽고 힘찼던 그때의 목소리를 잊지 않겠다. 우리의 소박하고 평범한 일상이 세상을 바꿀 수는 없겠지만, 적어도 우리 삶의 언저리에 폐를 끼치지는 않도록 우리들의 삶에 최선을 다하겠다.

만일 오늘이 나의 마지막 날이라면
나는 그 하루를 정원에서 보내리라.
허리를 굽혀 흙을 파고
거기에 작은 풀꽃들을 심으리라.
내가 떠나간 뒤에도
그것들이 나보다 더 오래 살아있도록

아마도 나는 내가 심은 나무에게 기대리라.

그리고 어쩌면 나처럼 자연을 사랑하는 사람과 함께

마지막으로 흙 위로 난 길을 걸으리라.

걸으면서 우리가 자연과 더불어

진실했던 때를 기억하리라.

아마도 그것이 나의 마지막 날이 되리라.

그 어느 날보다 후회하지 않는.

(<농부 철학자 피에르 라비>, 장 피에르 카르티에, 조화로운 삶)

*

도서출판 남해의봄날 비전북스 08

우리 인생에 모범답안은 정해져 있지 않습니다. 대다수가 선택하고, 원하는 길이라 해서
그곳이 내 삶의 동일한 목적지는 될 수 없습니다. 진정한 자유를 위해
용기 있는 삶을 선택한 사람들의 가슴 뛰는 이야기에 독자 여러분을 초대합니다.

동네서점의 유쾌한 반란

작은 책방, 우리 책 좀 팝니다

초판 1쇄 펴낸날 2015년 8월 15일 　　　　3판 1쇄 펴낸날 2017년 5월 25일
2판 1쇄 펴낸날 2015년 12월 31일 　　　　4판 1쇄 펴낸날 2022년 4월 29일

글　　　　백창화 김병록

편집인　　장혜원 책임편집 박소희 천혜란
디자인　　이기준

종이와 인쇄　미래상상

펴낸이　　정은영 편집인
펴낸곳　　남해의봄날

주소　　　경상남도 통영시 봉수1길 12
전화　　　055 · 646 · 0512
팩스　　　055 · 646 · 0513
이메일　　books@namhaebomnal.com
페이스북　/namhaebomnal
인스타그램　@namhaebomnal
블로그　　blog.naver.com/namhaebomnal

ISBN 979 · 11 · 85823 · 14 · 0 03300
© 백창화 김병록, 2015